MANUAL
CONVIVER COM A PESSOA IDOSA

Editora Appris Ltda.
1.ª Edição - Copyright© 2025 dos autores
Direitos de Edição Reservados à Editora Appris Ltda.

Nenhuma parte desta obra poderá ser utilizada indevidamente, sem estar de acordo com a Lei nº 9.610/98. Se incorreções forem encontradas, serão de exclusiva responsabilidade de seus organizadores. Foi realizado o Depósito Legal na Fundação Biblioteca Nacional, de acordo com as Leis nos 10.994, de 14/12/2004, e 12.192, de 14/01/2010.

Catalogação na Fonte
Elaborado por: Josefina A. Guedes
Bibliotecária CRB 9/870

P659m
2025
	Pinto, Lília Sampaio de Souza
	    Manual: conviver com a pessoa idosa / Lília Sampaio de Souza Pinto. – 1. ed. – Curitiba: Appris, 2025.
	    164 p.; 23 cm.
	
	    Inclui referências.
	    ISBN 978-65-250-6641-7
	
	    1. Idosos. 2. Longevidade. 3. Saúde. 4. Qualidade de vida. 5. Domicílios – Compartilhamento. I. Título.
	
	                                                                                        CDD – 306.8742

Livro de acordo com a normalização técnica da ABNT

Appris
editora

Editora e Livraria Appris Ltda.
Av. Manoel Ribas, 2265 – Mercês
Curitiba/PR – CEP: 80810-002
Tel. (41) 3156 - 4731
www.editoraappris.com.br

Printed in Brazil
Impresso no Brasil

Lília Sampaio de Souza Pinto

MANUAL
CONVIVER COM A PESSOA IDOSA

artêra
editorial

Curitiba, PR
2025

FICHA TÉCNICA

EDITORIAL	Augusto V. de A. Coelho
	Sara C. de Andrade Coelho
COMITÊ EDITORIAL	Marli Caetano
	Andréa Barbosa Gouveia (UFPR)
	Edmeire C. Pereira (UFPR)
	Iraneide da Silva (UFC)
	Jacques de Lima Ferreira (UP)
SUPERVISORA EDITORIAL	Renata C. Lopes
PRODUÇÃO EDITORIAL	Adrielli de Almeida
REVISÃO	Andrea Bassoto Gatto
DIAGRAMAÇÃO	Bruno Ferreira Nascimento
CAPA	Mariana Brito
REVISÃO DE PROVA	Sabrina Costa

Saudade

A saudade nos velhos

é como a nuvem da tarde,

ainda dourada do Sol

doce e amargo enlevo

deixado pela ausência

de uma querida presença...

(Zoraide Camargo Sampaio Peixoto)

AGRADECIMENTOS

O presente manual resultou de um grupo de colaboradores, sem os quais eu, como autora, nem existiria.

Sou muito grata aos meus ancestrais, à sucessão de famílias que compõem minha genealogia, à minha família atual e, principalmente, a Deus. Foi Ele que me colocou aqui em boas condições físicas e mentais para expor minhas ideias.

Sou grata aos meus amigos, aquelas pessoas maravilhosas que comigo sempre formaram a unidade que me fortalece.

Agradeço também aos meus filhos, que sempre me apoiaram e respeitaram minha integridade e minha capacidade para buscar meus objetivos.

Gratidão especial à minha neta Janaina Gorski, pela paciência e luz nas nossas discussões acerca do texto.

*Dedico esta obra à minha mãe,
cuja presença sempre me orientou no caminho da vida.*

APRESENTAÇÃO

O convívio com a pessoa idosa não é simples e nem sempre gratificante.

Com a evolução da cultura e com as mudanças de estilo de vida moderno, conviver com a pessoa idosa está se tornando um problema socioeconômico, moral e ético, que exige respostas imediatas dos governantes, das sociedades, das famílias e das próprias pessoas idosas.

O homem sempre esperou que a Natureza e o ambiente familiar e social no seu espaço de vida lhe fornecessem, sem ônus, nem retorno, o alimento para as necessidades e os interesses de seu corpo e mente. No entanto, o avanço das ciências e da tecnologia está alongando a duração da vida humana e colocando em evidência disfunções entre as necessidades do homem e as ofertas da natureza e do meio onde ele vive.

Atualmente, a evolução socioeconômica está em crise, que aparentemente está fugindo ao controle da sociedade, da família e do governo, produzindo sérios desequilíbrios no convívio harmônico com as pessoas idosas, cujo tempo de vida está ficando cada vez mais distante e indeterminado.

Hoje, a atenção está obrigatoriamente se voltando para as várias situações pessoais, sociais, familiares e econômicas, em que as disfunções aparecem na forma de violência, com trágicas consequências para a qualidade de vida da pessoa que envelhece.

Diante dos resultados de estudos e de pesquisas desenvolvidos em várias partes do mundo sobre estilo de vida e violência contra a pessoa idosa, é possível chegar a algumas conclusões básicas para a elaboração de medidas razoáveis para dar à crescente população idosa a oportunidade de ter um longo tempo de envelhecimento saudável como cidadão ativo, inserido na sociedade e com uma aposentadoria decorrente apenas de sua finitude.

PREFÁCIO

Escrever o prefácio desta obra é uma honra, um privilégio e, acima de tudo, uma responsabilidade significativa. A autora, Lília Sampaio de Sousa Pinto, é uma pessoa que admiro profundamente, não apenas pela sua inteligência e vitalidade, mas também pela sabedoria que inspira a todos ao seu redor. Conheci Lília na Universidade Aberta à Pessoa Idosa (Uapi) da Universidade Federal de São Paulo, antes da pandemia, e desde então tenho sido impactada por seu carisma, curiosidade insaciável e sua capacidade de compartilhar, com generosidade, a riqueza do "ser idoso".

Durante sua participação no módulo de terapia ocupacional sobre o processo de envelhecimento, Lília interagiu de forma intensa com jovens universitários, desafiando-os a repensar suas concepções sobre o envelhecimento. Suas falas eram mais do que contribuições: eram convites à reflexão e às transformações práticas. Com sua sabedoria de vida, ela mostrava que envelhecer não é apenas acumular anos, mas, sobretudo, cultivar novas perspectivas e aprofundar o sentido da vida.

A pandemia de covid-19 trouxe mudanças e desafios para todos, e Lília, como muitos, precisou reorganizar sua vida, enfrentando perdas e incertezas. Contudo, sua resiliência e força foram impressionantes, reafirmando sua capacidade de adaptação e seu compromisso com o envelhecimento ativo. Essa experiência se reflete profundamente nas páginas deste manual, que se destaca como um verdadeiro guia para compreender e se preparar para uma vida longa e plena.

Vivemos em um contexto de envelhecimento populacional global, que apresenta desafios complexos, tanto individuais quanto sociais. Esta obra não apenas aborda essas questões, mas o faz de maneira acessível, com teorias fundamentadas e histórias de vida concretas. Escrito por alguém que, aos 101 anos, permanece ativa, independente e autônoma, este manual oferece uma visão singular sobre saúde física, mental e emocional, além de explorar valores sociais e éticos indispensáveis para a convivência harmoniosa e respeitosa na sociedade, comunidade e família.

Em tempos de ritmo acelerado e produtividade exacerbada, temas como etarismo, capacitismo e racismo ganham centralidade no debate sobre os direitos e a inclusão das pessoas idosas. Lília aborda essas questões com clareza e profundidade, mostrando a urgência de valorizar as vozes e experiências dos idosos em uma sociedade em constante transformação.

Convido você, leitor, a mergulhar nesta obra transformadora, que ilumina caminhos para uma convivência mais justa, inclusiva e plena. Nas experiências ricas e inspiradoras de Lília, encontrará ensinamentos preciosos sobre propósito, dignidade e a beleza de uma vida longeva bem vivida. Que esta leitura seja, para você, uma fonte inesgotável de reflexões e inspirações para valorizar todas as etapas da vida.

Prof.ª Dr.ª Emanuela Mattos
Terapeuta Ocupacional
Universidade Federal de São Paulo

SUMÁRIO

INTRODUÇÃO 19

TEMA 1
**CONHECER O HOMEM PARA ENCONTRAR /
A PESSOA IDOSA** 25
   1.1 O princípio universal da vida 25
   1.2 Alimentos para o homem 26
   1.3 Um conceito de saúde 28
   1.4 Um conceito de qualidade de vida 31

TEMA 2
CONVIVER COM A NATUREZA 35
   2.1 O corpo e a Natureza 35
   2.2 O organismo: necessidades e alimentos 37
      2.2.1 Os Macronutrientes 38
         2.2.1.1 Proteínas – Funções 40
         2.2.1.2 Carboidratos (glicídios) – Tipos e fontes ... 42
         2.2.1.3 Gorduras (lipídios) – Tipos 45
      2.2.2 Os Micronutrientes 48
         2.2.2.1 Vitaminas 49
         2.2.2.2 Minerais 52
   2.3 O equilíbrio alimentar 54
      2.3.1 Alimentos funcionais 54
      2.3.2 Alimentação balanceada 55
      2.3.3 A Água 64
   2.4 Longevidade e estilo de vida 66

TEMA 3
ALIMENTO E ENERGIA 73
3.1 Corpo e movimento 73
3.2 Evolução das práticas.. 74
3.3 A consciência corporal e as práticas alternativas................... 78
3.4 Os órgãos dos sentidos 83
    3.4.1 Visão 85
    3.4.2 Audição 87
    3.4.3 Paladar.. 92
    3.4.4 Olfato... 96
    3.4.5 Tato... 98

TEMA 4
CÉREBRO E MENTE 103
4.1 O Cérebro 103
    4.1.1 Funções do Cérebro... 104
    4.1.2 Funções dos Hemisférios Cerebrais 104
4.2 A Mente 108
    4.2.1 Funções da Mente: o Processo................................. 108
    4.2.2 Funções da Mente: o Produto 110
        4.2.2.1 Percepção 110
        4.2.2.2 Atenção 111
    4.2.3 Funções da Mente: as Relações 111
        4.2.3.1 No nível Inconsciente 112
        4.2.3.2 No nível Subconsciente................................ 113
        4.2.3.3 No nível Consciente 119

TEMA 5
VIOLÊNCIA: FATORES E DISFUNÇÕES DE CONVÍVIO 127
5.1 A população idosa e sua luta pela vida........................... 127
5.2 A violência.. 130
    5.2.1 O Autor 132
        5.2.1.1 Violência Inconsciente 132
        5.2.1.2 Violência Subconsciente............................... 133
        5.2.1.3 Violência Consciente 135
    5.2.2 Violência Contra Si Própria 136
    5.2.3 Violência Familiar 137
    5.2.4 Violência Social: a Vítima e o Processo 140

    5.2.4.1 Da Gestão Municipal. 140
    5.2.4.2 Da Sociedade Civil. 141
    5.2.4.3 Da relação do Cidadão Idoso e seus Direitos. 142
  5.2.5 Violência Ambiental: as quedas 144
  5.2.6 Violência Sexual 148
5.3 Preconceitos contra a Pessoa Idosa 151
  5.3.1 Etarismo 152
  5.3.2 Racismo. 153
  5.3.3 Capacitismo. 154

CONCLUSÃO 157
NOTAS E REFERÊNCIAS. 159

INTRODUÇÃO

Tudo que se refere à vida do ser humano nos faz pensar em algo complicado e levemente assustador, pois está ligado à relação do homem com a morte, a não vida. Falar das pessoas idosas é logo pensar no homem que já atravessou quase todo seu caminho de vida e se aproxima da morte. Será que ao pensar na vida, toda pessoa idosa deve se lembrar somente da estrada que percorreu para chegar à velhice e à morte? E que perdeu sua definição de ser humano ao ficar idoso?

A vida não pode ser vista apenas como um tesouro que vem dos ancestrais e os pais colocam como uma tocha acesa nas mãos do filho ao nascer, para que ele a conduza até que a velhice a apague com a morte.

Além de transmitir as características genéticas da família, os pais devem desenvolver em seus filhos princípios, hábitos e valores que os conduzam a um futuro do qual poderão usufruir, mas também ajudar a construir.

Em geral, até a adolescência a criança e o jovem não têm uma ideia clara sobre a velhice e a morte. Para eles são fatos que existem, mas não têm nenhuma relação com sua própria existência. Não se sentem como aquela criança que cresceu nem concebem que quando adulto será o jovem que amadureceu e que um dia será o adulto que envelheceu.

Para a criança e o adolescente a morte é um acidente de percurso; os pais são a autoridade e o amor e os avós são velhinhos divertidos e muitas vezes "chatos" para se aturar.

Entretanto hoje o mundo está assistindo — e vivendo — uma mudança cada vez mais acentuada na duração da vida humana.

Ao chegarem na idade em que normalmente os idosos costumam morrer, muitos deles continuam a viver, claramente mais fortes e sabidos do que as pessoas idosas de antigamente. A expectativa de vida em certas regiões e países está avançando cada vez mais rapidamente.

De maneira geral, no Brasil, a expectativa de vida por volta de 1920 era de 30 a 40 anos e em 1960 evoluiu para 50 a 60 anos. A partir daí, o conceito de "sexagenário" como um idoso que estava com o "pé na cova" começou a perder força e a distância entre a vida e a espera da morte continuou a aumentar.

A partir do ano 2000 já começou a ficar difícil estabelecer um prazo, ainda que dentro de uma faixa etária, para o ser humano sair do mundo dos vivos.

Está se tornando uma norma esperar que as pessoas idosas cheguem – e bem – aos 80 anos, e já não são tão raros os casos de longevos centenários. Esse é quase um testemunho ocular, pois nasci em 1923 e as famílias eram bem grandes naquela época.

O que vem ficando cada vez mais marcante é que esse avanço da vida entre as pessoas idosas está trazendo graves consequências tanto para a própria pessoa como para as famílias, a sociedade e o governo. A aposentadoria aos 60 anos não pesava tanto para a família e o governo porque uma pessoa idosa tinha poucos anos mais de uma vida improdutiva e dependente até a morte. Hoje, o indivíduo aposentado encontra pela frente uma faixa de 30 a 40 anos, quase se aproximando daquela de que ele dispunha entre a maioridade (18 anos) e a aposentadoria (60 anos).

Dadas as dificuldades que essa nova faixa de vida está trazendo para o governo, à sociedade e à própria pessoa idosa, torna-se cada vez mais crucial procurar responder à pergunta: o que a pessoa idosa de hoje deve esperar do governo, da sociedade e dos bens que capitalizou para viver tranquila em seu longo envelhecimento? Mais 30 anos de vida sem um trabalho digno, arrastando a longa velhice até chegar à morte aos 90 anos ou mais? Ou acreditar em uma nova faixa etária ainda útil e lutar por um novo espaço no mundo, uma vida com qualidade, objetivos, trabalho e inserção na sociedade!?

Uma nova conscientização está surgindo, que talvez possa conduzir a população idosa a um novo patamar da vida. Um número cada vez mais significativo de indivíduos com mais de 60 anos no mundo todo está começando a lutar por seus direitos.

Sob o respaldo de estudiosos e pesquisadores, a população idosa busca respostas para os desgastes da saúde física e mental, assim como para problemas sociais, econômicos e éticos, que promovem disfunções de comportamento na crescente longevidade humana.

Variados aspectos da vida de pessoas idosas longevas vêm sendo estudados – seus direitos e deveres e sua capacidade de fazer a diferença em todas as áreas da vida social. Esses estudos mostram que os laços sociais e um propósito de vida são os elementos mais importantes na construção de uma convivência feliz, para a saúde e para bem-estar do homem que está envelhecendo, até o final de sua vida.

Os governos, que em última instância são os responsáveis pela qualidade de vida de seu povo, precisam das respostas para gerenciar as mudanças que ocorrem no mundo e nas sociedades. Por meio de leis, decretos e editais, eles vêm tentando disciplinar o comportamento da sociedade e as condições oferecidas pelas cidades para o bem-estar do cidadão idoso, além da criança, do jovem e do adulto que nelas habitam.

As leis são feitas com propostas muito específicas. Para os cidadãos idosos elas estão consubstanciadas no Estatuto do Idoso, mas para que possam ser efetivadas, vários aspectos individuais, sociais, econômicos, éticos e até religiosos, de cunho geral, regional e local, precisam ser levados em conta. Do mesmo modo são importantes as diversidades e as crescentes necessidades das populações idosas, uma vez que o mundo não para de evoluir e mudar.

É o alongamento da vida humana que está tornando visíveis problemas éticos e sociais antigos, antes ocultos e mascarados, resolvidos por medidas pontuais, mas que hoje começam a convergir para um novo conceito de envelhecimento e longevidade. Esse conceito destaca a importância de três pilares para a construção de uma vida com qualidade na velhice e na longevidade: a convivência, a moradia e o trabalho.

Daí a necessidade de uma legislação com competência para ser praticada e que inclua uma educação para mudanças, tanto da sociedade quanto da família e dos próprios cidadãos idosos. Tal legislação deve ser flexível para ser sempre atualizada e conforme com as necessidades de um novo mundo sempre em movimento.

Enquanto o "velho" vai deixando de existir, a "pessoa idosa" que surge precisa adquirir conhecimentos e preparo para se inserir nessa nova realidade a partir de uma convivência mais autêntica e funcional com a Natureza, com seus familiares, com a sociedade e com o governo.

De outro lado, a educação do homem deverá ser para a vida e não mais apenas para um trabalho visto como profissão. Tal educação deve começar com os pais e ser praticada com os filhos, a fim de que ambos aprendam, como uma unidade familiar, a conviver com a Natureza, a sociedade e cada um consigo próprio num mundo em movimento. Ela deve ser construída sobre os pilares da convivência, da moradia e do trabalho, e não dará um diploma, pois será permanente, continuará como uma autoadministração para a qualidade de vida a cada geração.

E como fazer essas mudanças, que deverão garantir uma boa qualidade de vida à pessoa idosa e pensar, ao mesmo tempo, no bem-estar da família, da sociedade e nas responsabilidades do governo?

Esse é o problema que hoje todos nós, querendo ou não, temos que enfrentar fazendo bom uso dos erros e acertos do passado.

Com base na minha experiência de vida e na de outras pessoas idosas que também estão acima de 90 anos; nos resultados de estudos e pesquisas sobre a população idosa com 60 anos ou mais, considero necessário:

a. Conhecer e analisar as necessidades vitais do ser humano como um todo – mente e corpo.

b. Conhecer a Natureza e a sua variedade de produtos tendo em vista as suas relações com as necessidades do homem em cada etapa de seu desenvolvimento.

c. Identificar as possíveis causas de disfunções nas relações de convívio da pessoa idosa com a Natureza, a sociedade e consigo própria.

Considero premissas para tais pontos:

1. Adquirir um bom conhecimento do que é ser idoso. Perceber que os problemas da pessoa idosa têm suas raízes em seus ancestrais e nas condições do meio em que vive e viverá como um ser único e mutável até o final de seu envelhecimento.

2. Reconhecer que a partir do nascimento tem início um processo educativo, que na infância se revela na forma de comportamentos e hábitos, que serão definidos na adolescência e assumidos e consolidados como princípios e valores na fase adulta.

3. Entender que com o avançar da idade, esses princípios e notadamente os comportamentos, serão modificados em função de mudanças ocorridas no ambiente, no corpo e na mente de cada indivíduo, especialmente na fase de envelhecimento.

4. Compreender que ficar idoso não é adquirir uma doença e, sim, alcançar uma fase da vida em que, apesar de um lento, mas inexorável processo de fragilização física e mental, a pessoa idosa deseja e pode continuar adquirindo conhecimentos, novas habilidades para o trabalho, propósitos de vida e capacidade de inserção na sociedade ativa da qual faz parte.

5. Refletir sobre a importância do descompasso físico, mental e social que pode provocar a desarmonia entre o ritmo de vida da pessoa que envelhece e as respostas da sociedade às mudanças sociais, econômicas e culturais, principalmente na vida urbana.

6. Reconhecer que se a idade fragiliza o corpo e a mente, há caminhos e cuidados específicos que tornam possível reduzir esse processo e manter uma qualidade de vida sem prazo determinado de validade.

7. Perceber a importância de incorporar na vivência e nas práticas familiares o conhecimento de que a boa qualidade de vida dos filhos e descendentes no futuro dependerá da aprendizagem e do preparo que lhes forem fornecidos no lar.

8. Finalmente, aprender que as condições para o envelhecimento saudável, útil e com qualidade de vida dependem não somente da Natureza, da família, da sociedade ou do próprio ser que envelhece. Elas também dependem de uma ação conjunta e globalizada, para que no mundo todo seja possível conviver em harmonia e equilíbrio.

TEMA 1

CONHECER O HOMEM PARA ENCONTRAR A PESSOA IDOSA

1.1 O princípio universal da vida

Todos os seres do nosso planeta sofrem e produzem mudanças na natureza, em si próprios e uns nos outros, num processo contínuo que chamamos de Vida. A energia que mantém esse processo vital em movimento é o seu Alimento. Até onde se sabe, todos os seres do universo se alimentam uns dos outros e, por sua vez, produzem alimentos para outros seres. A esse processo contínuo de vida e morte das espécies denominamos Cadeia Alimentar Universal.[1]

Podemos, então, dizer que o alimento é o Princípio Universal da Vida. A alimentação é o elo que interliga os seres e estimula as mudanças — transformações e mutações — na evolução da vida das espécies que povoam o planeta Terra.

"O homem é o que ele come", já afirmava o filósofo alemão Ludwig Feuerbach[2] referindo-se à teoria materialista do retorno total à terra após a morte. Essa teoria foi mais tarde reinterpretada pelo teólogo ortodoxo Alexandre Schmemann,[3] com o sentido bíblico de alimento incluindo espiritualidade: "Quem se alimenta da minha carne e bebe do meu sangue tem a vida eterna".

Nesse caso, todos os seres que compõem o planeta fazem parte de uma cadeia alimentar única e interligada – a Cadeia Alimentar da Vida do Planeta Terra (Jo 6,54).

Nessa cadeia alimentar, os organismos estabelecem relação de alimentação em um ecossistema. Os seres interagem entre si, transferindo matéria e energia para a constante nutrição do corpo (matéria) e da mente (inteligência e emoções), em uma variedade infindável de elementos, composição e funcionamento.

1.2 Alimentos para o homem

Consideramos Alimento tudo que se integra à constituição de um ser para promover o seu desenvolvimento.

Para sabermos o que é alimento para o homem precisamos conhecer o que a sua constituição necessita para manter a vida e se desenvolver.

Basicamente, a constituição humana é formada de duas partes: corpo e mente.

- O Corpo é a parte física e fisiológica, a matéria e suas funções. Seu alimento vem da Natureza: a terra com os vegetais e animais, o ar com sua composição e climas e a Água que mantém em equilíbrio o transporte de nutrientes no organismo.

- A Mente, dentro do cérebro, funciona mediante um conjunto de neurônios com funções psicológicas de inteligência, ideias, emoções, sentimentos, poder de decisões etc.

O que alimenta as capacidades mentais do homem é a Curiosidade e a habilidade de Comunicação ou Linguagem.

A Curiosidade é um impulso que conduz o ser a aproximar-se de algo que a despertou. É uma necessidade de trazer para si esse algo e dele se alimentar. O corpo e a mente do homem têm necessidades que ele satisfaz com alimentos adequados. Para isso, precisa de um meio de se comunicar com o mundo, com os outros homens e consigo próprio, para reconhecer e identificar essas necessidades.

Diferentemente dos outros animais, dos quais algumas espécies conhecidas se comunicam por sons (ruídos) ou movimentos, em sua Comunicação o homem utiliza línguas falada e escrita, organizadas, aprendidas e ensinadas em sistemas codificados em sinais escritos e sonoros. Essa é a principal forma de comunicação que o ser humano aprende e utiliza a partir do seu nascimento para entrar em contato com o mundo e com os outros indivíduos.

Mas existe uma forma de linguagem em que o homem não pretende comunicar algo enquanto a elabora. É a Linguagem-Pensamento, em que ele "fala" com ele próprio. Ele pensa com palavras para organizar suas ideias e depois comunicá-las em linguagem falada ou escrita.

Finalmente, o homem utiliza ainda uma terceira forma de linguagem, a da Expressão. Essa é uma forma comum de demonstrar mais do que comunicar. É comum aos homens, aos animais e até hoje se cogita se todos os seres e o próprio planeta não se utilizam dessa linguagem.

Nos seres com algum grau de inteligência, ela está mais ligada às sensações, às emoções e aos sentimentos do que ao intelecto. Ela é inata e executada com movimentos do corpo e por meio dos órgãos dos sentidos que supostamente todos os seres têm, uma vez que constituem uma forma de contato para defesa contra os perigos da vida. Por exemplo, uma planta murcha e perde a cor, o que geralmente é interpretado como falta de alimento – água e/ou adubo; é diferente o som emitido por um cão quando está satisfeito, bravo ou sofrendo; os peixes sabem demonstrar alegria ao receberem alimento; nós sentimos a alegria e a beleza de uma manhã iluminada de sol, com suas formas e cores, assim como a tristeza de uma manhã chuvosa e escura. O homem pode chorar ou sorrir e cantar para demonstrar emoções, e assim por diante.

Enfim, essa linguagem de expressão está mais ligada às necessidades físicas e emocionais de externar do que às necessidades intelectuais de se comunicar o que sente.

Esse tipo de linguagem nasceu com o homem e evoluiu culturalmente ao longo da história como uma linguagem gratificante, ligada às emoções e aos sentimentos, com várias formas de expressão. Por exemplo: pelas Artes: plásticas (das formas e cores); musicais (dos sons e melodias); táteis (das texturas, do clima); olfativa (produção de perfumes e reconhecimento de aromas) e gustativa (identificação e escolha dos produtos da Natureza para a alimentação).

É muito importante a aprendizagem das várias formas da linguagem a partir do nascimento do ser humano, assim como acompanhar a sua evolução e o uso nas relações que cada ser humano aprende a estabelecer consigo mesmo e com o mundo que o rodeia.

Das capacidades de comunicação e expressão dependerão as trocas de conhecimentos e experiências para construir hábitos, adquirir valores e transformá-los em princípios que irão definir a qualidade e a extensão da vida de cada um.

São os vários tipos de Comunicação que permitem ao homem fazer escolhas, tomar decisões, evoluir e se desenvolver com qualidade de vida.

Mas o envelhecimento conduz, inexoravelmente, à fragilização do corpo e da mente humana, num processo mais ou menos longo, com maior ou menor sofrimento e alegrias dependendo das escolhas que cada indivíduo faz no decorrer de sua vida.

Os cuidados com a alimentação do corpo e da mente é que irão lhe dar o prêmio da saúde e uma vida longa e feliz.

1.3 Um conceito de saúde

Normalmente o ser humano nasce com saúde e equipado com as aptidões físicas e mentais para a desenvolver e evoluir por meio de alimentação adequada.

Alexandre Kalache[4] costuma apontar cinco capitais que o homem precisa acumular para envelhecer com qualidade de vida. Ao nascer, o ser humano começa a responder aos estímulos do ambiente a fim de alimentar cinco tipos de saúde:

a. A saúde Fisiológica do Corpo – dada pelos produtos que a Natureza oferece.

b. A saúde Física do Corpo – que decorre dos Movimentos. O homem nasce com quatro membros e músculos num corpo com articulações para se movimentar, auxiliando a digestão e a assimilação dos alimentos necessários à evolução física e fisiológica do corpo e da mente — o cérebro.

c. A saúde Psicológica da Mente – que pode ser definida pela Curiosidade. É o interesse que leva o homem a estar sempre aberto ao novo, às mudanças, ao empreendedorismo, para buscar soluções de problemas e alcançar o bem-estar.

d. A saúde Social – que significa a inserção na comunidade, a participação nos grupos comunitários dos quais todos devem fazer parte, com colaboração e compartilhamento. O homem é um ser social e, ao mesmo tempo, individual e único porque é social. Como? Porque são os outros que mostram as diferenças e as singularidades de cada um e é isso que torna possível a colaboração. São eles — os outros — a balança das qualidades e dos defeitos do que cada um pode aprender e ser exemplo a seguir. Enfim, é a vida comunitária que enriquece e permite ao homem evoluir porque são diferentes uns dos outros, mas se complementam.

A Saúde de uma Comunidade revela a saúde e a qualidade de vida de cada um de seus habitantes. Do mesmo modo, a saúde de cada indivíduo é um indicador da saúde e da qualidade de vida da comunidade em que vive.

A saúde social começa a ser desenhada na infância, com a educação dada pelos pais, primeiro grupo de socialização do ser humano. Depois acresce o grupo familiar, os parentes e amigos, em seguida os grupos escolares, acadêmicos, de esporte e de lazer.

Na fase adulta, os grupos de trabalho e de lazer ganham importância com a conotação da responsabilidade e, por fim, com a aposentadoria ocorre uma volta paulatina ao grupo familiar e aos amigos – no melhor dos casos – ou, talvez, o encontro com o grupo dos companheiros de um abrigo para idosos ou de uma casa de repouso.

Com muita sorte, uma pessoa idosa consegue manter uma qualidade de vida em termos de autossegurança, autonomia, independência e autoidentidade. Nesse caso, a família e as pessoas com as quais ela convive devem ser capazes de acompanhar a evolução do seu envelhecimento com a alimentação adequada à sua mente e ao seu corpo.

E deve sempre pautar seu comportamento na observação da evolução da saúde da pessoa idosa, revelada por suas respostas físicas e mentais aos estímulos do ambiente.

A família precisará entender que a responsabilidade pela saúde e pela qualidade de vida da pessoa idosa sob seus cuidados cabe também a ela, inclusive no que diz respeito ao seu preparo para a sua futura velhice e morte.

e. A saúde da Fé – a Fé e a Religião podem constituir um bom alimento para a saúde e a qualidade de vida da pessoa idosa.

A morte não deve surgir como um drama inesperado para a família e um susto para a pessoa idosa somente quando ocorre uma moléstia muito séria acompanhada de risco de vida.

A Dr.ª Ana Cláudia Quintana,[5] especialista em Cuidados Paliativos, mostra-nos como se preparar para a morte pode trazer um final de vida nobre e digno, sem sofrimento emocional.

Hoje, a educação para a morte está sendo pensada com a mesma importância da educação para a vida. Ambas são partes de um mesmo processo – o início e o final da vida do homem. Se não podemos escolher deixar de nascer nem deixar de morrer, nossos pais podem escolher nossa infância, nós podemos escolher nossa vida e junto a nossa família escolher a nossa morte. É possível, portanto, um preparo para a Qualidade de Morte.

Embora a religião e a fé representem um importante diferencial na qualidade de vida, é na morte que sua importância aparece com todo o seu poder. São elas que apresentam a única e melhor resposta à dúvida universal do homem: "O que há após a morte?".

Muitas são as dúvidas, e tanto as religiões como as filosofias orientais taoístas, as ciências ocidentais e até mesmo a física quântica apontam a fragilidade da explicação materialista da morte.

Seja em explicações religiosas ou em resultados de pesquisas e demonstrações, a crença na imortalidade de uma alma, espírito, luz, energia, enfim, uma parte do ser humano que é imortal porque foi criada à imagem e semelhança de uma Fonte de onde tudo começou, é mais atrativa e coerente para o homem.

A crença numa energia divina que é eterna permite-lhe explicar e justificar os cuidados que deverá ter com um corpo que lhe foi emprestado, limpo e nobre, para que dele usufruísse, devolvendo-o no momento de sua morte.

1.4 Um conceito de qualidade de vida

Ao envelhecer, a pessoa idosa não encontrará uma sociedade preparada para recebê-la. Em contrapartida, ela também não estará pronta para enfrentar as modernidades sociais, técnicas e econômicas de um mundo em constante mudança.

As Ciências da Saúde vêm evoluindo muito, especialmente com o auxílio dos avanços da tecnologia. O sentido dessa evolução tem conduzido estudos e pesquisas a uma especialização cada vez mais minuciosa dos aspectos do corpo e da mente humana. De outro lado, não têm sido objetos da mesma atenção e cuidados os problemas de saúde da população idosa ligados à sua qualidade de vida, ou seja, aqueles que decorrem das inter-relações entre as funções do corpo humano e os fatores ambientais, especialmente os das relações sociais.

Ainda é muito recente a busca de uma visão holística do homem nas ciências da saúde e da qualidade de vida. Esses dois campos de estudo estão — como tudo que se refere à vida humana — interligados. Embora cada um tenha sua definição própria, um não pode ser considerado nem explicado sem a participação do outro. A Saúde se refere ao bom funcionamento do corpo e da mente enquanto a Qualidade de Vida só pode ser analisada com a consideração dos fatores que decorrem das relações de convívio do homem com ele próprio e com os outros homens no mundo em que vive.

A qualquer observador atento, embora leigo nas ciências médicas, a saúde e a qualidade de vida de um indivíduo idoso hoje parecem ser avaliadas pela variedade e pela quantidade de medicamentos e suplementos em seu armário, pelos serviços de clínicas e laboratórios aos quais recorre e pelos conhecimentos e recursos técnicos de apoio ao funcionamento de músculos, articulações, órgãos e outras funções do corpo, em academias. E toda essa parafernália só aumenta de importância com o avanço da idade cronológica.

Na verdade, ao envelhecer a pessoa idosa vai perdendo seu lugar numa sociedade despreparada para acolher as suas diferenças emergentes. A partir dos 80 anos, a população idosa começa a pertencer a uma casta especial que atualmente está começando a ser reconhecida na vida da população idosa como a dos "Compatíveis". Tudo que uma pessoa idosa sente e que não esteja funcionando bem é sempre diagnosticado como "sem problema, isso é compatível com a idade". E lá vem um medicamento para deixar a pessoa idosa "mais confortável". E sempre haverá um exemplo de caso pior a ser citado.

Após os 90 anos, a pessoa idosa desiste de procurar especialistas porque quaisquer que sejam as suas queixas, ela será sempre remetida a um geriatra, que será um profissional com uma bagagem de informações e de experiências ainda muito pequenas tendo em vista dois fatores: em primeiro lugar, a formação acadêmica em geriatria e gerontologia é muito recente e na história da medicina não há fontes informativas e pesquisas variadas já sancionadas pelo tempo. A vida restante da população idosa ainda não é suficientemente longa para avaliação de resultados obtidos em pesquisas. E em segundo lugar, um paciente idoso é bastante especial no campo da saúde, tendo em vista o crescente processo de fragilização de seu corpo e de sua mente. Esse fato aumenta a responsabilidade do profissional em saúde e a sua insegurança em tomar medidas para procedimentos às vezes invasivos, que seriam corriqueiros para jovens e adultos.

Por outro lado, nem toda pessoa idosa estará necessariamente à beira da morte. Então fazer o quê? Por exemplo, no exame de um indivíduo idoso com mais de 90 anos foram constatados: refluxo, hérnia de hiato, osteoporose, dores reumáticas e enfisema. Isso quanto a problemas internos, sem contar a visão bastante comprometida, aparelho auditivo para os dois ouvidos e ir se ajustando ao uso de uma discreta e tradicional bengala. Quanto ao tempo de uso para os medicamentos e aparelhos estará bem claro no receituário: "Uso contínuo", o que significa para esse paciente o ingresso definitivo no fluxo contínuo dos clientes para diferentes classes de profissionais de saúde, dos doutores aos técnicos, e às indústrias farmacêuticas.

Nesse processo que se instala progressivamente na vida das pessoas idosas e que pode ser definido como uma degeneração lenta da boa qualidade de sua vida, precisam ser considerados os efeitos de outros fatores, como situações de convívio com seus familiares, com a comunidade, com amigos ou com companheiros de abrigos públicos ou moradias particulares para pessoas idosas.

É o envelhecer daquele indivíduo que não teve a oportunidade de aprender a buscar no mundo os alimentos adequados ao seu corpo e a sua mente, não ter entendido a vida como um sistema de trocas com a natureza e com os outros homens; enfim, sem contato com ele próprio para saber quem é, quem foi e o que ainda pode realizar para ser.

Ter qualidade de vida não significa ter conforto econômico nem ter perfeição na saúde física, fisiológica e mental. Significa aprender constantemente a administrar as mudanças que ocorrem no processo que chamamos de Vida:

- Aprender a aceitar as situações que não podem ser mudadas, buscar as razões para a sua existência e se adequar a elas da melhor maneira — pois são Fatos.
- Mudar o que pode ser mudado – pois são Problemas e, como tais, contêm em si próprios o caminho para sua solução. Encontrar soluções positivas para situações negativas e descobrir os problemas ocultos nas velhas respostas é o que o homem precisa aprender para viver com qualidade em todas as etapas de sua vida, pois o maior retorno dessa aprendizagem ele terá na velhice.

Se a saúde vem do alimento adequado a cada necessidade do corpo e da mente do homem, a qualidade de sua vida depende da interação entre os vários tipos de alimentos adequados aos vários tipos de demandas.

Para se compreender como ocorre esse processo é preciso olhar, sob uma perspectiva multidisciplinar e intergeracional, cada pessoa idosa. Em outras palavras, exige a análise das influências mútuas entre os fatores do ambiente e aqueles que decorrem do corpo e da mente do homem em cada etapa de sua vida. Os resultados dessa análise fornecerão as informações que desejamos sobre os componentes de uma vida com saúde e qualidade para a população idosa.

TEMA 2

CONVIVER COM A NATUREZA

2.1 O corpo e a Natureza

Alguns físicos, a exemplo de Fritjof Capra,[6] costumam dizer que o homem é uma minúscula galáxia ambulante no Universo tal é a complexidade da sua constituição e a perfeição e o equilíbrio no funcionamento de seus órgãos, vísceras, membros e capacidades mentais.

Se apenas uma das 50 trilhões de células que compõem o organismo de um recém-nascido, diz Chopra,[7] não apresentar a resposta esperada em uma dada situação, toda a máquina humana entrará em prontidão e o organismo como um todo reagirá para eliminar a disfunção e colocar o corpo novamente em funcionamento coordenado e harmônico.

No organismo humano, assim como em todo o Universo, nenhum elemento trabalha unicamente para si próprio. Não existe o egoísmo, todos trabalham em sincronia em função do corpo como um todo. Segundo a Física Quântica, a colaboração e o amor são as principais forças que movem o Universo e dentro dele cada um de seus elementos. Por isso ele pode ser diferenciado, complexo e variado e ser, ao mesmo tempo, Uno em sua simplicidade global.

O único ser consciente do Universo que egoisticamente trabalha para seu próprio interesse pessoal é o homem. Por isso é também o que apresenta o maior número de disfunções nas relações internas em seu organismo e externas com os outros homens e o mundo em que vive. Como manter — ou retomar — o equilíbrio e a harmonia do viver quando algum elemento do corpo ou da mente humana entra em disfunção é o que os cientistas e estudiosos buscam de diferentes maneiras e por vários motivos a fim de descobrir como alcançar uma vida com qualidade.

Com esse objetivo procuram conhecer as necessidades do organismo e da mente do ser humano, assim como os elementos e o funcionamento de cada um deles em todas as etapas do seu desenvolvimento. Na Natureza, buscam identificar os produtos que constituem o melhor alimento para cada necessidade e o bom funcionamento de todos os componentes do organismo.

Mas somente uma consideração holística da teia de interações que compõem a vida de cada indivíduo pode mostrar onde, como e quais são as mudanças adequadas à manutenção ou ao retorno do seu corpo e mente à plena funcionalidade.

Hoje, o homem está começando a entender que cuidar da Natureza é cuidar da sua própria vida. Ignorar a importância da Natureza como fonte de seus alimentos e bem-estar é ignorar a importância de ter qualidade de vida. Podemos até dizer que a saúde da Natureza no mundo está em relação direta com a qualidade de vida de cada ser que o habita. Conviver, pois, com a Natureza, é aprender a fazer boas trocas. Para isso é preciso, por um lado, que o homem conheça a si próprio e as necessidades de seu organismo, e por outro, que aprenda quais são os produtos da Natureza e quais são as necessidades da Terra para produzi-los com boa qualidade.

Entretanto — ainda que importante —, para introduzir mudanças na qualidade de vida de um indivíduo não basta somente conhecer a saúde de seu organismo, a mente e suas relações com os produtos da Natureza. A qualidade de sua vida é também uma decorrência de todas as suas experiências de vida desde o nascimento. A história de vida de cada indivíduo representa um dos fatores da maior importância na determinação da qualidade de sua vida.

Somente com uma abordagem interdisciplinar é possível descobrir, identificar e analisar a influência de experiências passadas na qualidade da vida de um determinado ser humano. Assim, selecionar e examinar tipos de comportamento da pessoa idosa em experiências passadas que revelem disfunções em suas relações de convívio com ela própria, com a família, amigos e pessoas em seu meio de convivência, poderão fundamentar modelos de abordagens passíveis de introduzir boas e estáveis mudanças em sua vida. Esse tipo de pensamento contém a possibilidade de que em certos casos, quanto mais idoso for o ser humano, mais complexo será encontrar o tipo de abordagem adequada face à extensão de sua história de vida que favorece a fixação de hábitos e costumes.

Por exemplo, desenvolver ou modificar hábitos alimentares em crianças é mais fácil do que em jovens e adultos (nesse caso, a disfunção a ser tratada deveria ser a dos pais). Em relação às pessoas idosas, é muito difícil convencê-las a experimentar uma dieta nova, pois seus hábitos já estão arraigados e seu paladar pode não estar mais tão "afinado" para novos sabores.

Quando consideramos que até hoje, ao se falar em qualidade de vida de pessoas idosas — carentes ou não —, todos logo pensam em fartura de alimentos à mesa, uma televisão numa sala, a cama limpa com boas cobertas num quarto com janela e sol e, lógico, um SUS que atenda rapidamente aos chamados, percebemos o quanto é mais importante preparar o homem para uma velhice com qualidade do que tratar um velho com recursos paliativos.

A verdade é que, em termos de alimentação, o homem nunca deu o devido valor à Natureza e hoje, mais do que nunca, está afastado material e mentalmente dela, sem jamais ter se lembrado de que sempre foi a melhor e única fonte de alimento com potencial para reescrever o significado de saúde do organismo, entendida como um dos maiores fatores para uma vida com qualidade.

A civilização e a educação não o prepararam para conviver com o seu ambiente natural. Elas vêm impondo modelos que o afastam cada vez mais dos ambientes naturais, trocando-os pelas facilidades e pela tecnologia que a industrialização trouxe à vida urbana.

2.2 O organismo: necessidades e alimentos

Os alimentos do homem são constituídos por conjuntos de elementos com funções específicas e destinados a manter o funcionamento regular do seu organismo. São os chamados Nutrientes. Os nutrientes são divididos em dois grandes grupos:

- Os Macronutrientes, formados pelas Proteínas, Carboidratos e Gorduras.
- Os Micronutrientes, compostos pelas Vitaminas e Minerais.

Em geral, os alimentos são encontrados na Natureza, prontos para serem consumidos crus ou preparados em casa para o consumo. Outros são industrializados e vendidos para serem consumidos ou preparados para uso.

Os Macronutrientes são mais importantes para a saúde e precisam ser consumidos mais vezes e em maior quantidade. Sua digestão ocorre nos intestinos, onde são transformados em: Proteínas (aminoácidos), Carboidratos (açúcares) e Gorduras (ácidos graxos e glicerol).

Os Micronutrientes também respondem pela saúde, porém seu consumo é bem menor. São as Vitaminas (A, C, D, K entre outras, e as do complexo B) e os Minerais (cálcio, ferro, potássio, magnésio, entre, pelo menos, 12 mais conhecidos

O consumo equilibrado desses alimentos é possível por meio de uma alimentação balanceada.

2.2.1 Os Macronutrientes

O primeiro passo para conviver com a Natureza é, então, conhecer as áreas das necessidades vitais do corpo humano e as relações de alimentação dessas áreas com a variedade de ofertas da Natureza. Portanto toda informação sobre os alimentos, sejam eles "in natura" ou processados, é importante e necessária para a elaboração de programas de saúde que visem ao bem-estar do ser humano em todas as etapas de sua vida.

As consequências de uma má alimentação na qualidade de vida de um indivíduo costumam começar a ser percebidas anos depois, geralmente ao aparecerem os primeiros sinais de envelhecimento, por volta dos 60 anos.

Uma boa notícia é que atualmente, tendo em vista o distanciamento crescente entre as moradias humanas e a Natureza, muitas comunidades vêm se preocupando não só com a quantidade e a variedade dos produtos alimentares industrializados colocados no mercado, mas também com a qualidade dos alimentos mais adequados à saúde nas diferentes idades e nas condições de saúde em que cada indivíduo se encontra.

Para reequilibrar a alimentação disfuncional de uma pessoa idosa é preciso ter um perfil de sua alimentação básica ao menos na fase adulta, assim como uma visão geral de suas condições de saúde. Daí será possível elaborar uma dieta que aponte quais e como os bons alimentos deverão ser ingeridos.

Uma breve consideração histórica nos dá uma ideia de como evoluíram as preocupações do homem com os seus alimentos.

Os estudos da química que fundamentaram os estudos sistemáticos dos alimentos começaram há muitos séculos, mas somente em 1816, Magendie[8] distinguiu as diferenças entre Carboidratos, Proteínas e Gorduras nos alimentos. Em 1916, foi lançado um boletim com dados de uma extensa lista de alimentos que, revisada, foi alguns anos depois a base para a determinação das necessidades nutricionais dos aliados durante a I Guerra Mundial.

De acordo com Dwyer,[9] os estudos sobre a composição dos alimentos passaram por quatro etapas de transformações:

- Na 1ª foi descrita a energia liberada pelos alimentos.
- Na 2ª foram caracterizados as vitaminas e os minerais.
- Na 3ª, conhecendo-se melhor o comportamento dos alimentos, foram estabelecidas associações entre dietas e doenças, incluindo as relacionadas com a má nutrição.
- Na 4ª foram encontradas relações com outras substâncias nos alimentos que podem afetar a saúde humana, a exemplo dos compostos bioativos e fatores antinutricionais.

Possivelmente, uma 5ª fase deverá estar relacionada com a biodiversidade em programas de segurança alimentar e nutrição humana.

Assim, tendo sempre como parâmetros as necessidades vitais do homem na elaboração de uma dieta alimentar para pessoas idosas, deverão ser analisados os produtos da Natureza cujos componentes sejam alimentos adequados às necessidades detectadas. Isso deverá ser feito contando com a orientação de um/a nutricionista.

Para equilibrar os alimentos e balancear uma dieta de acordo com as necessidades do organismo humano eles devem ser variados, coloridos e, de início, terem a proporção adequada de:

- Macronutrientes: Proteínas, Carboidratos e Lipídios (gorduras).
- Micronutrientes: Vitaminas e Minerais.

Os Macronutrientes devem estar presentes em maior quantidade na dieta porque fornecem 100% de nossa energia e o equilíbrio alimentar depende da proporção entre eles. Eles devem estar presentes nos alimentos para fornecerem Energia/Caloria.

A Energia é utilizada nas funções vitais do organismo humano: respiração, circulação, síntese proteica, renovação celular, exercícios e trabalhos (movimentos).

2.2.1.1 Proteínas – Funções

As Proteínas são macronutrientes essenciais e têm diversas funções necessárias ao nosso organismo. São formadas por moléculas de carbono, oxigênio e hidrogênio. Diferenciam-se dos carboidratos pela proporção desses nutrientes.

Enquanto a função dos carboidratos é dar energia ao corpo, as Proteínas contribuem para a construção de ossos, músculos, pele, tecidos, cabelos, assim como na função hormonal e do metabolismo.

Seu consumo consciente, sem exageros, ajuda muito no controle da glicose, deixando o organismo sempre saudável. São importantes para a imunidade. Anticorpos e enzimas são feitos de proteínas.

As proteínas constituem um importante elemento no tratamento das diabetes.

Devem constituir de 15 a 20% da alimentação humana. São os maiores componentes estruturais das células do corpo humano. Cada grama de proteína fornece 4 Kcal (1Kcal = 1000 calorias).

São fontes imediatas de energia para o cérebro e para o sangue. Entretanto a sua ingestão exagerada faz com que parte dela não se transforme em energia, acumulando-se nos tecidos em forma de gordura. Por outro lado, a sua falta no organismo gera fadiga e perda de cognição. São alimentos ricos em Proteínas:

- As de origem animal: carne vermelha, carne branca, peixes, ovos, leite e seus derivados.

- As de origem vegetal: grãos, sementes, cereais integrais e leguminosas, tais como nozes, castanhas, uvas-passa, feijão, lentilha, vagem, frutose e galactose, quinoa, grãos de soja, sementes de abóbora, amêndoa, amendoim e grãos de chia.

As proteínas estão entre as moléculas orgânicas mais abundantes nos sistemas vivos. Suas estruturas e funções são mais diversificadas do que as das outras macromoléculas.

As proteínas não são feitas de uma única substância. Existem muitas proteínas diferentes em um só organismo ou mesmo em uma única célula. Elas existem em todos os tamanhos, formas e tipos que se possa imaginar e cada uma tem uma função única.

São importantes tipos e funções das proteínas:

- Enzimas: elas podem funcionar como enzimas. Um exemplo é a enzima que existe no corpo e se chama amilase salivar. Ela quebra a amilase (um tipo de amido), que não tem muito gosto, mas quando quebrada seus pedaços ficam muito doces. Por isso os alimentos ricos em amido ficam doces quando mastigados. É a amilase trabalhando com a saliva.

- Hormônios: alguns hormônios baseados nas proteínas controlam processos fisiológicos, como o crescimento, o desenvolvimento, o metabolismo e a reprodução. Um exemplo é o da insulina, que ajuda a regular os níveis de glicose (açúcar) no sangue.

- Anticorpos: outra função importante das proteínas é a formação de anticorpos para a defesa do organismo.
- Hemoglobina: como hemoglobina, a proteína carrega o oxigênio pelo sangue por todo o organismo.

Portanto as funções e tamanhos das proteínas vão corresponder ao tipo de necessidade orgânica que elas vão atender.

2.2.1.2 Carboidratos (glicídios) – Tipos e fontes

Os Carboidratos, também chamados de Glicídios, são os responsáveis por liberar glicose e fornecer energia para as células, por serem a primeira fonte de energia celular. Ainda fazem a manutenção do metabolismo glicêmico para que o corpo continue funcionando bem.

Esses macronutrientes são formados fundamentalmente por moléculas de Carbono, Hidrogênio e Oxigênio.

De acordo com a quantidade de carbono em suas moléculas, os carboidratos pedem ser:

- Monossacarídeos: quando apresentam de três a sete carbonos em sua estrutura: a glicose, a frutose e a galactose.
- Dissacarídeos: são resultados da ligação entre dois monossacarídeos, entre a sacarose, a maltose e a lactose.
- Polissacarídeos: quando são compostos por grande quantidade de monossacarídeos (10 ou mais). O monossacarídeo presente em maior quantidade é a glicose, depois o amido e a celulose presentes nos vegetais.

Os carboidratos devem compor de 50 a 60% da dieta alimentar. Como melhoram a recuperação muscular após a atividade, devem ser ingeridos a espaços regulares. Além disso, favorecem a absorção das Proteínas pelo organismo e o bom funcionamento do cérebro.

Entretanto os alimentos citados não são os únicos que contêm essas biomoléculas. Os vegetais realizam a fotossíntese e ao final armazenam os carboidratos como fontes de energia para a própria planta.

Assim, todos os alimentos de origem vegetal contêm carboidratos em sua composição, incluindo frutas, mel, leite e alimentos dele derivados.

Estão presentes nos:

- Cereais: arroz, milho, aveia, trigo, centeio, quinoa etc. Os alimentos deles derivados também são considerados carboidratos: pães, macarrão, bolos, massas para tortas, biscoitos e bolachas.
- Tubérculos: batata, mandioca, batata-doce, inhame, rabanete, cenoura, nabo e beterraba. E seus derivados: polvilho, farinhas, fécula etc.
- O Mel, assim como todas as frutas, contém carboidratos em alguma proporção.
- Cana-de-açúcar (considerada uma gramínea). Pode ser consumida "in natura" ou ser utilizada na fabricação de açúcares. Os carboidratos são nossa principal fonte de energia. Nosso corpo entende que precisa consumir a glicose como combustível e considerar as reservas de gordura alternativas emergenciais.

Mas alguns órgãos e células não conseguem utilizar a gordura. Assim são os glóbulos vermelhos, os rins e o cérebro. Daí os carboidratos serem tão importantes para o bom funcionamento da mente.

Por isso cada carência ou necessidade fisiológica do organismo humano deve ser estudada individualmente, tendo em vista seu estado funcional e os diferentes tipos de carboidratos. São eles:

- Glicose (monossacarídeo): é um carboidrato indispensável ao nosso organismo, pois mantém à integridade funcional do tecido nervoso e geralmente é a única fonte de energia do cérebro. Se sua concentração no sangue for muito baixa pode causar hipoglicemia — o organismo precisa receber soro glicosado. Se a concentração for muito alta é o caso de hiperglicemia — a pessoa precisa receber insulina porque poderá desenvolver diabetes.

- Celulose (polissacarídeo): ajuda na produção de saliva e do suco gástrico, favorecendo o bom funcionamento do sistema digestivo. Além disso, fornece o meio propício para o desenvolvimento de bactérias benéficas ao organismo e melhora o funcionamento dos intestinos. Ainda, ajuda a prevenir certos tipos de câncer nos intestinos e no estômago.

- Amido (polissacarídeo): o organismo decompõe o amido em glicogênio e glicose, possibilitando o armazenamento de energia. Para quem usa a musculatura no trabalho ou em exercícios, o glicogênio armazenado nos músculos torna-se a principal fonte de energia. Entretanto o glicogênio armazenado no fígado pode ser rapidamente convertido em glicose e transportado pelo sangue para suprir necessidades energéticas que o organismo precisar.

- Ribose: é utilizada na atividade física como suplemento para estimular a produção imediata de ATP (energia) pelas células musculares, permitindo aos músculos continuarem a trabalhar de forma otimizada. É, portanto, responsável pela formação de suporte químico para o corpo. Além de suplementos manipulados, a Ribose (ou D Ribose) pode ser encontrada no brócolis e no espinafre.

- Sacarose (dissacarídeo): é formado pela união de uma molécula de glicose e outra de frutose. Esse tipo de açúcar tem um índice glicêmico elevado, por isso quando é absorvido, ao chegar aos intestinos aumenta rapidamente o açúcar no sangue. Além disso, favorece o acúmulo de gordura no organismo. Por isso seu consumo em excesso está associado a um maior risco de doenças cardiovasculares, obesidade e diabetes.

- Lactose (dissacarídeo): conhecido como o açúcar do leite. É formado pela união de uma molécula de glicose com uma de galactose. Algumas pessoas têm intolerância a esse tipo de açúcar e seu consumo deve ser diminuído.

- Frutose (monossacarídeo): é uma das moléculas mais simples dos carboidratos e é a mais doce de todas. Pode ser produzida alterando a glicose presente no amido do milho. Assim como a sacarose, o seu consumo em excesso também está associado a um aumento do risco de doenças cardiovasculares e metabólicas.

- Glicogênio: é o estoque de energia rápida do organismo, ou seja, é a forma como a glicose — a principal fonte energética das células, obtida a partir do consumo de carboidratos — é armazenada. É encontrado principalmente nos músculos (glicogênio muscular) e no fígado (glicogênio hepático).

2.2.1.3 Gorduras (lipídios) - Tipos

As Gorduras são um tipo de Lipídio. São moléculas orgânicas importantes para os seres vivos, especialmente os animais e vegetais. Elas funcionam como reserva energética, isolante térmico e impermeabilizante, entre outras funções.

São insolúveis em água e solúveis em álcool, éter e acetona. São biomoléculas compostas por Oxigênio, Hidrogênio e Carbono, e apresentam um amplo grupo de compostos químicos orgânicos. São formadas a partir de ácidos graxos e glicerol (álcool).

Quando se ouve falar em gordura, logo se pensa em pessoas deselegantes e em algo maléfico para a saúde. Mas do mesmo modo que as proteínas e os carboidratos, as gorduras também são moléculas essenciais ao organismo dos seres humanos.

Vários tipos de gordura fazem bem aos órgãos. O segredo é o seu consumo moderado. Consumidas em excesso podem fazer mal ao corpo porque aumentam as taxas de colesterol e triglicérides no sangue. O excesso de gordura se acumula, formando tecido adiposo. O organismo só começa a consumir essas moléculas quando há privação de outras fontes energéticas.

As gorduras de origem vegetal devem ter prioridade na dieta por seu maior valor nutricional diante das de origem animal. Devem compor de 20 a 30% da dieta. São a maior fonte de energia para o corpo. Cada grama fornece 9 Kcal.

Basicamente há três grupos de gorduras que consumimos no nosso dia a dia: insaturadas, saturadas e trans. Cada grupo tem subdivisões.

- As Insaturadas (poli e monoinsaturadas): contêm menos hidrogênio em sua composição. Quando consumidas com moderação em lugar das saturadas e trans, podem ajudar a reduzir os níveis de colesterol e de triglicérides.

  O tipo de gordura Poli-insaturada é a Ômega 3 — seu potencial para a saúde é bastante importante e vem sendo muito estudado.

  A gordura Monoinsaturada é a Ômega 6 — ajuda a reduzir o colesterol ruim (LDL) e os triglicérides. Assim, ajuda a prevenir a formação de coágulos, que podem obstruir o fluxo sanguíneo e ocasionar doenças cardiovasculares, como infarto e derrame. Relaciona-se ao aumento do colesterol bom (MDL).

  O corpo humano precisa dessas moléculas e se os alimentos da Natureza não as contêm, elas podem ser sintetizadas pelo próprio organismo. Por exemplo, alguns peixes, um deles o salmão, e algumas sementes, como a linhaça e a chia, são boas fontes de ácidos graxos Ômega 3.

  Mas o organismo humano não produz o Ômega 6, por isso precisa ingerir diariamente alimentos que o contenham, tais como: nozes, óleo de soja e de canola.

- Uma maneira simples de definir gorduras Saturadas (ácidos graxos saturados) é dizer que elas têm seus átomos de carbono (C) totalmente saturados de hidrogênio (H). Então sua composição fica com mais hidrogênio e menos carbono.

  Alimentos ricos em gorduras saturadas são as carnes gordas de origem animal, produtos lácteos como a manteiga, o óleo de coco, o azeite de dendê, o chocolate amargo e a manteiga vegetal.

  Na verdade, nenhuma gordura é totalmente saturada ou insaturada. Ela sempre será principalmente uma ou outra.

Segundo a opinião de alguns estudiosos, estabelecer uma relação de perigo à saúde cardiovascular ao consumo de gorduras saturadas é uma hipótese até hoje a ser plenamente confirmada pela ciência.

- A gordura Trans: tecnicamente é um ácido graxo trans, produzido industrialmente. É formada a partir de uma reação paralela ao processo de hidrogenação de óleos vegetais líquidos. Em outras palavras, quando é realizado um processo para formação de gordura hidrogenada outras reações também ocorrem e formam isômeros trans, popularmente conhecidos como Gorduras Trans.

É possível encontrar gorduras trans no leite e na carne, mas em pequenas quantidades. Porém está largamente presente em produtos industrializados, como margarinas, biscoitos, bolos, sorvetes, chocolate "*diet*", salgadinhos de pacote, bolachas recheadas, frituras, molhos prontos para salada, massas folhadas, maionese, pipoca de micro-ondas, sopas e cremes, vegetais enlatados e pães.

A utilidade da gordura trans para as indústrias está no sabor e na conservação dos alimentos. Além disso, por ser produto mais barato do que a manteiga e a banha, a gordura trans tem mais larga aplicação nas confeitarias.

Mas é muito importante conhecer as más consequências de sua utilização para a saúde e para a qualidade de vida do ser humano. São as principais: aumento do colesterol ruim (LDL) no sangue, o que produz seu adensamento e consequente entupimento de veias. Também acresce a diminuição do colesterol bom (HDL), e tudo isso pode levar ao infarto ou ao derrame cerebral.

Os governos do mundo todo se articularam e recomendaram, por intermédio da OMS, a eliminação dos ácidos trans gordurosos da alimentação diária.

No Brasil, em 2010, foi criada pela Anvisa[10] a regulamentação da publicidade para esses tipos de alimentos e a obrigatoriedade de rótulos em que conste a quantidade de gordura trans em cada produto alimentício. Entretanto, um estudo feito na Universidade Federal de Santa Catarina,[11] mostrou que em 72,4% dos produtos pesquisados eram utilizados nomes alternativos para "gordura trans", como "gordura vegetal" ou "margarina".

Outro problema a ser considerado é o consumo excessivo de Ômega 6 em alimentos industrializados, o que inverte todos os benefícios do Ômega 3, que são: impedir a proliferação de células cancerígenas, diminuir processos inflamatórios, minimizar o desenvolvimento de doenças cardiovasculares e melhorar o funcionamento neuronal.

Em resumo:

- Consumir alimentos industrializados em excesso transforma todos os processos orgânicos benéficos em malefícios para o organismo.
- Lembrete importante: verificar sempre nas informações nutricionais obrigatórias nos produtos industrializados, as quantidades de gorduras trans ou hidrogenadas.
- Não precisamos nos preocupar com as gorduras trans naturais, principalmente se escolhermos bem os produtos, como os lácteos com baixo teor de gordura e as carnes magras. Nossa preocupação é com as gorduras trans artificiais, que são as usadas em produtos industrializados.

2.2.2 Os Micronutrientes

Os Micronutrientes são Complementos ou Suplementos alimentares?

Essa é uma dúvida ainda não tão bem esclarecida quanto se desejaria. As opiniões de vários estudiosos, especialistas e órgãos de saúde pública não conduzem a uma definição clara e única das funções dos micronutrientes no organismo e suas relações com a saúde humana.

Na perspectiva da saúde e da qualidade de vida do homem, fica bem aparente a conclusão geral de que Suplemento Alimentar é uma quantidade de um dado nutriente, colocada ou ingerida por um indivíduo para estimular uma dada função de seu organismo. Por exemplo, os suplementos alimentares para ganhar massa muscular (o Whey Protein é um suplemento proteico normalmente feito à base de proteína extraída do soro do leite, utilizada para ganhar massa muscular).

Entretanto, por outro lado, também se pode ingerir ou receber um suplemento alimentar para retirar (queimar) o que se considera excessivo no produto de uma dada função orgânica. Por exemplo, ingerir suplementos alimentares que acelerem o metabolismo para aumentar o processo de perda de peso (O *Institute for Nutrition and Psychology of Göttingen Medical School*, na Alemanha, afirma que existem vários tipos de suplementos para emagrecer).

Nessa mesma perspectiva de opiniões e afirmações a respeito dos micronutrientes, mas com sentido de Complementos Alimentares, o foco vem sendo o de complementar a quantidade necessária de um nutriente em um organismo que dele esteja carente. Por exemplo, a Anvisa,[12] por meio da Gerência Geral de Alimentos, estabelece novo marco regulatório sobre o enriquecimento de farinha de trigo e milho com ferro e ácido fólico.

Podemos aceitar o conceito geral para micronutrientes como sendo componentes alimentares encarregados de facilitar as reações químicas que ocorrem no organismo humano.

2.2.2.1 Vitaminas

Observamos que as vitaminas são um dos nutrientes que a Natureza oferece ao homem como alimento para o equilíbrio de sua saúde e o bom funcionamento de seu organismo.

Em 2018, a Anvisa estabeleceu um limite técnico entre medicamentos e suplementos alimentares contendo vitaminas:

- Medicamentos contendo vitaminas somente podem ser comercializados em farmácias.

- Suplementos alimentares contendo vitaminas podem ser comercializados em farmácias e supermercados

As vitaminas são nutrientes que o organismo humano não tem condições de produzir, por isso precisam ser ingeridas como parte da dieta alimentar. Elas também são indispensáveis para a saúde do corpo humano. Desempenham diversas funções em seu desenvolvimento e auxiliam no metabolismo celular favorecendo reações químicas necessárias à absorção dos nutrientes.

Suas principais fontes são frutas, verduras e legumes, mas também podem ser encontradas nas carnes, no leite, nos ovos e em cereais.

Não são usadas como energia nem como material de reposição celular. Entre outros, são indispensáveis, em pequenas quantidades, ao processo de produção de energia. Porém a sua falta pode causar várias doenças, como o raquitismo (enfraquecimento dos ossos por falta de vitamina D) e o escorbuto (doença aguda ou crônica devido a uma carência de vitamina C, caracterizada por hemorragias, alterações nas gengivas e queda da resistência a infecções). A vitamina C é encontrada em frutas cítricas, como limão, laranja, abacaxi e acerola, e em vegetais, como batata, brócolis, espinafre e pimenta vermelha.

A Ciência conhece aproximadamente uma dúzia de tipos de vitaminas, sendo as principais designadas por letras. São encontradas em muitos alimentos, especialmente nos de origem vegetal. São elas:

- Vitamina A: é importante para o crescimento, pois ajuda a formação dos ossos e dentes, melhora a pele e os cabelos, protege os órgãos respiratório, digestivo e urinário, e é importante também para a visão. Suas fontes são: leite integral, queijo, manteiga, gema de ovo, pimentão, mamão, abóbora e verduras em geral.
- Vitaminas do Complexo B: esse complexo é formado por um conjunto de vitaminas com propriedades semelhantes. Entre elas, as mais conhecidas são:
  » B6 – produz energia a partir dos nutrientes, ajuda a formar hemácias (glóbulos vermelhos do sangue) e anticorpos. Por exemplo, a banana é boa para os sis-

temas nervoso e digestivo e para a pele. Outras fontes de vitaminas do complexo B são: cereais integrais, leguminosas (feijão, soja, grão-de-bico, ervilhas etc.), alho, cebola, moela, coração etc.), peixes, crustáceos, ovos e leite.

» B12 – participa da formação do material genético nas células, o que é essencial para a formação de novas células, como as hemácias e os leucócitos. Essa vitamina só é encontrada em alimentos de origem animal. Os vegetarianos e os veganos precisam dessa vitamina para complementar suas dietas.

- Vitamina C: ajuda na preservação dos ossos, dentes, gengivas e vasos sanguíneos; aumenta a absorção do ferro; ajuda o sistema imunológico e melhora a cicatrização. A falta dessa vitamina pode causar anemia, inflamação das mucosas e enfraquecimento dos vasos capilares sanguíneos, podendo ocorrer sangramento em alguma parte do corpo – esses são os sintomas do escorbuto. São fontes desta vitamina as frutas cítricas, abacaxi, laranja e caju, além do mamão, manga, couve-flor e espinafre.
- Vitamina D: também presente nos alimentos de origem animal, como o leite e ovos. Esta vitamina é sintetizada pelo organismo, mas precisa do sol para se tornar vitamina D. É fundamental para o fortalecimento de ossos e dentes e ajuda a coagulação do sangue.
- Vitamina E: encontrada no leite, em produtos lácteos, óleos e vegetais de folhas verdes.
- Vitaminas K: participam da coagulação do sangue evitando hemorragias e ajudam a fortalecer os ossos, pois aumentam a fixação do cálcio na massa óssea. Estão presentes, sobretudo, nos vegetais verde-escuros, como a couve, o espinafre e o brócolis. Devem ser evitadas por pessoas que tomam medicamentos anticoagulantes. A vitamina K3 é produzida em laboratório e utilizada para fazer suplementos dessa vitamina.

2.2.2.2 Minerais

Alimentos de origem mineral são aqueles que provêm da água e de sais minerais.

Os minerais presentes nos alimentos são fundamentais para uma alimentação saudável e para o bom funcionamento do corpo humano.

São alimentos de origem mineral:

- Água (H_2O): é indispensável ao corpo humano, assim como a todos os seres vivos. Aproximadamente, 70% do corpo é constituído de água. Além disso, muitas reações químicas que ocorrem no corpo necessitam de água.

- Cálcio (Ca): é o mineral mais abundante no organismo – 99% do corpo. Concentra-se nos ossos e nos dentes. Contribui para a constituição do esqueleto, contração muscular e coagulação do sangue. São alimentos ricos em cálcio: leite e seus derivados, couve, brócolis, tofu, soja, feijão branco, espinafre e sardinha. A falta de cálcio na dieta pode originar problemas nos ossos, tais como osteoporose, e palpitações cardíacas.

- Ferro (Fe): atua no transporte de oxigênio nas células porque se encontra na hemoglobina. Participa também de reações químicas, como a oxidação celular. É encontrado em uma enorme variedade de alimentos de origens animal e vegetal. Por exemplo, carnes vermelhas, fígado, gema do ovo, brócolis, couve, espinafre, aveia, quinoa, castanhas de caju e feijão. A falta de ferro na alimentação origina diminuição na defesa de imunidade, cansaço, queda de cabelo e anemia.

- Magnésio (Mg): participa da formação de ossos e dentes, na transmissão de impulsos nervosos e de diversas reações químicas celulares e processos enzimáticos. É encontrado em legumes, hortaliças de folhas verdes, nozes, maçãs, bananas, germe de trigo, aveia, cereais, peixes, carne, ovos, feijão e farelo de trigo. A maior fonte de magnésio é o farelo de trigo.

- Fósforo (P): no organismo, a maior parte é encontrada nos ossos, associado ao cálcio. Na Natureza existe em aves, carnes, peixes, gema do ovo, feijão, ervilha, lentilha e derivados do leite. Dietas pobres em fósforo podem resultar em fraturas ósseas, atrofia dos músculos e raquitismo.
- Flúor (F): bastante conhecido por seu papel nas cáries dos dentes. Por isso muitas vezes é citado junto à água potável. Pode ser encontrado em frutos do mar, fígado bovino, verduras, arroz e feijão. Seu excesso pode fazer manchas brancas nos dentes.
- Iodo (I): essencial para a produção de hormônio da glândula tireoide, bem como para a regulação do crescimento do corpo. Encontrado em sal iodado, frutos do mar e peixes. A sua falta na dieta pode ocasionar o bócio (aumento do volume da tireoide).
- Potássio (K): auxilia na contração muscular e na transmissão de impulsos nervosos. É encontrado na carne, no leite e em ovos, cereais, banana, melão, batata, feijão, ervilhas, tomates, frutas cítricas. Dieta pobre em potássio resulta em redução da atividade muscular, incluindo o músculo cardíaco.
- Sódio (Na): encontrado no sal de cozinha, alimentos processados, ovos, algas marinhas e carnes defumadas. A sua carência produz câimbras, desidratação, dificuldade de cicatrização, tonturas e hipotensão arterial. Seu excesso causa hipertensão.
- Zinco (Zn): regula o desenvolvimento sexual, a produção de insulina, o metabolismo de proteínas e o sistema imunológico. É encontrado nas carnes, em frutos do mar, ovos, feijão, legumes, nozes e castanhas. Sua carência reduz a produção de hormônios masculinos, trazendo como consequência atraso da maturidade sexual. Constitui um fator de risco para diabetes.
- Manganês (Mn): participa nos processos enzimáticos e na formação de ossos e tendões. Encontrado em cereais

integrais, legumes, cafés e chás. A sua carência resulta em perda de peso, alteração da capacidade reprodutiva e no metabolismo de carboidratos.

- Selênio (Se): auxilia o metabolismo de gorduras. É encontrado em castanhas, frutos do mar e cereais integrais. A sua carência na alimentação é rara, mas quando acontece contribui para o surgimento de doenças cardíacas e alterações na tireoide.

2.3 O equilíbrio alimentar

2.3.1 Alimentos funcionais

Os alimentos funcionais devem ser consumidos como alimentos comuns, parte da dieta. Além de suas funções nutricionais básicas, produzem benefícios específicos à saúde, como redução do risco de doenças crônicas degenerativas, como câncer e diabetes.

Portanto um alimento pode ser considerado funcional se for demonstrado que pode afetar beneficamente uma ou mais funções específicas no corpo, além de seus adequados efeitos nutricionais, de modo a ser relevante tanto ao bem-estar e à saúde quanto para reduzir os riscos de uma doença.[13]

As substâncias biologicamente ativas encontradas nos alimentos funcionais podem ser classificadas em vários grupos, a exemplo dos probióticos e dos probióticos, alimentos sulfurados e nitrogenados, pigmentos e vitaminas etc.

Entretanto é preciso entender que não funcionam como medicamentos. Para que seus benefícios sejam alcançados é necessário consumi-los de maneira regular na alimentação. Outra informação útil a quem vai consumi-lo é substituir parte do consumo de carne bovina, suína, embutidos e outros produtos à base de carne vermelha por soja e derivados – especialmente por carne de soja ou de peixes, ricos em Ômega 3.

No caso de utilização de alimentos funcionais industrializados é importante a confiabilidade da procedência, assim como seguir cuidadosamente as instruções do fabricante. Além disso, é preciso saber que eles só funcionarão quando combinados com uma dieta equilibrada e balanceada.

As características dos alimentos funcionais apresentadas por Moraes e Colla[14] podem ser agrupadas de acordo com os seguintes aspectos:

a. São alimentos convencionais a serem consumidos numa dieta normal.

b. Produzem efeitos positivos além dos valores nutritivos básicos, que podem:

> » Aumentar a saúde e o bem-estar.
>
> » Reduzir os riscos de ocorrência de certas doenças.

c. A afirmação de sua propriedade funcional deve ter embasamento científico.

d. Pode ser um alimento totalmente natural ou ter um ou mais de seus componentes removidos ou modificados.

2.3.2 Alimentação balanceada

No milagre da composição e do funcionamento do corpo humano nos defrontamos inicialmente com dois problemas para compor uma dieta.

Em primeiro lugar, o funcionamento dos elementos que compõem o corpo humano – seus órgãos, vísceras e tecidos – não são estáticos. Seus movimentos variam constantemente em função das condições de vida e das diferentes faixas cronológicas. Em segundo lugar é preciso considerar a natureza dos fatores externos e as mudanças orgânicas deles decorrentes.

Assim, para acompanhar as mudanças orgânicas em função de fatores do meio e aquelas que decorrem dos fatores genéticos, a alimentação humana deve evoluir num processo dinâmico e equilibrado para garantir o bom funcionamento de um organismo em constante movimento de equilíbrio e adaptação. Nesse sentido, o estado de saúde e a qualidade de vida da pessoa idosa serão sempre flexíveis e poderão mudar e se adaptar de acordo com os cuidados e tratamento que receber em suas relações de convívio com a Natureza, a família e a sociedade. Esse tipo de convívio deve fornecer à pessoa idosa:

a. Uma alimentação equilibrada – que leva em conta a relação entre os diferentes nutrientes que devem compô-la tendo em vista o organismo humano.

b. Uma alimentação balanceada – obtida a partir da relação entre o estado de saúde, as necessidades do organismo idoso e os nutrientes que deverão compor a sua alimentação. Enquanto a preocupação do equilíbrio alimentar é focada nas relações funcionais dos nutrientes entre si tendo em vista o organismo da pessoa idosa, a alimentação balanceada tem como foco as relações entre os nutrientes e as necessidades e disfunções do seu organismo.

Portanto balancear as refeições significa organizá-las sabiamente para uma sucessão de dias de uma semana ou de um mês, tendo em vista a composição e a função de cada alimento para atender às necessidades e/ou carências do organismo de um indivíduo ou de um grupo de indivíduos com características comuns. No nosso caso, a pessoa idosa.

Entretanto, apenas ter essas informações não constitui uma solução prática para quem precisa cuidar da alimentação de um grupo de pessoas de faixas etárias que podem cobrir um período de 30 anos ou mais. Seria o caso de uma dona de casa com a sorte (e o suplício) de ter uma família com crianças, jovens, adultos e os pais idosos, todos precisando ser cuidados e alimentados quatro vezes ao dia!

Orientar a preparação de boas dietas alimentares para uma pessoa ou para um grupo de pessoas não depende de conhecer apenas os alimentos e o homem, mas a relação entre ambos e sua dieta adequada. Mas tanto o nutricionista que orienta quanto a mãe que prepara a alimentação para sua família tem um forte aliado: cada indivíduo conhece seu próprio corpo e com ele convive desde que nasce.

Além de fisicamente se comunicar com seu corpo e detectar o funcionamento de seu organismo, ele tem os órgãos dos sentidos e sua mente com inteligência para interpretar e entender os sinais pelos quais o seu corpo "fala" com ele. E essa relação de conhecimento pode evoluir e se enriquecer com a idade. Basta começar a aprender na família, com uma mãe "que sabe das coisas".

O quanto uma pessoa idosa teve em educação nutricional e aquisição de bons hábitos na infância, de valores e princípios da funcionalidade de boas dietas alimentares na fase adulta, terá probabilidade de ser um idoso ativo, saudável e muito provavelmente um longevo independente e com autonomia até o final de sua vida.

Vamos agora encarar a realidade do hoje, do dia a dia das pessoas comuns que constroem a sociedade, cidadãos idosos que vivem sozinhos ou em casais, aqueles que contam com a ajuda da família para cuidar de sua alimentação ou, ainda, a dona de casa que cozinha ou orienta a empregada a preparar as refeições da família e que não tem nutricionista para ajudá-la em suas decisões a cada momento.

Existem algumas normas gerais que podem servir de guia para definir as bases de uma alimentação equilibrada, a partir da qual poderá ser preparada uma refeição adequada a todos ou balanceada para alguém do grupo familiar que esteja com algum problema de restrição alimentar. Dentro dessas linhas gerais, a mãe (ou encarregada) poderá preparar uma dieta geral equilibrada para todos e uma dieta balanceada para as pessoas idosas da família e com restrições, mediante orientação médica ou de um nutricionista.

Antigamente era comum cada família ter suas normas a serem seguidas quanto aos alimentos e as refeições distribuídas pelos dias da semana, até mesmo os horários, com todos reunidos e destaque para os sábados e domingos. Havia um ditado antigo que, se não seguido, era conhecido por todos: "Tome o café da manhã como um rei/rainha, almoce como um príncipe/princesa e jante como um mendigo". Esse ditado normalmente cobria os trabalhos do dia, que eram assim distribuídos: período da manhã, trabalhos pesados; atividades leves à tarde e preparo para o descanso à noite.

Com o progresso e a vida cada vez mais urbanizada, as atividades foram mudando e a alimentação, com seus horários e nutrientes, foram acompanhando. Hoje, as crianças se alimentam rapidamente pela manhã, em casa, e vão para as creches, escolas pré-primárias e de ensino fundamental. Carregam na mochila um lanche, que geralmente contém pão com manteiga ou presunto com queijo, e/ou bolacha, em geral doce e recheada, mais uma fruta. Os pré e os adolescentes vão para centros de estudo, ginásios, institutos, academias e universidades ou, juntamente aos adultos, encaminham-se para empregos e serviços onde não há exigência de uso dos músculos nem de movimentos para cobrir grandes distâncias, muito diferente dos necessários à antiga vida rural.

Enfim, desapareceu o tempo para as refeições da manhã em família. Hoje, o café da manhã se resume a potinhos e um suco. Os adultos se contentam com um café com leite e bolinhos ou sanduíches, consumidos às pressas em casa, numa padaria ou no local do trabalho.

Também raramente há tempo para o almoço. Em geral, esse é feito em lanchonete ou no trabalho — porque o serviço continua por seis ou oito horas pelo dia afora —, com alimentação comprada e, na maioria dos casos, um "almolanche" improvisado.

Mas um horário nobre fica reservado para refeições familiares, o do jantar, quase à noite, quando a família se reúne antes de ir dormir para consumir uma carne assada, uma massa com molho ou, ainda, um feijão preto com lombo suíno e torresmo, disfarçado em feijoada. Então algum doce e a seguir, cama!

Agora, com 60 a 65 anos, as pessoas se aposentam e, com o carimbo de idosas ou de velhas, só têm direito a duas coisas: apreciar o isolamento com as doenças da velhice e morrer.

Essa ainda é a situação da pessoa idosa na modernidade. Se for muito rica irá escolher alimentos finos, mas sem preocupação de verificar sua adequação à saúde, e saboreá-los em horários errados, sem ter em vista o funcionamento de seu organismo e a qualidade de sua vida.

Se pertencer à classe média ou for carente, de início já terá dificuldade em selecionar bons alimentos entre os industrializados disponíveis e acessíveis financeiramente no mercado. Os carentes aceitam o que lhes é oferecido, assim como não podem dispor de horários regulares para as refeições.

Mas todo mundo já conhece ou está vivendo essas situações. Falar nisso aqui é "chover no molhado"? Espero que não!

O mundo está mudando e o ser humano está percebendo que está destruindo cada vez mais o seu próprio lar, a sua moradia e a qualidade de sua vida. Isso também todos já sabem. Mas saber apenas não é uma resposta suficiente para uma situação de fato.

É preciso mudar e para isso é necessário: primeiro, entender a necessidade e a importância de mudar. Depois, analisar tudo e, com um objetivo em mente, pensar num plano para mudar a situação.

O homem, cuja saúde e qualidade de vida estamos interessados, é o ser humano idoso, com 60 anos ou mais, aposentado, autônomo e independente, embora talvez precise contar com auxílio de próteses ou algum aparelho para os órgãos dos sentidos. Pode estar morando sozinho, com a esposa, com familiares, com cuidadora, ou morando em Instituições de Longa Permanência para Idosos (ILPIs), abrigos, vilas, casas-dia, repúblicas, moradias particulares ou públicas.

O Dr. Walter D. Longo (PhD)[15] propõe uma dieta que denominou de Dieta da Longevidade, capaz de impedir o processo de envelhecimento por intermédio da manipulação das células.

Aqui, sem nenhuma pretensão de especialista no assunto – mas com assessoria –, pretendo estabelecer as bases de uma alimentação balanceada para idosos que tenham autonomia e possam compreender informações e entender instruções.

1º) O café da manhã

Após uma noite bem dormida de oito horas, entre 7h e 8h30 da manhã, a pessoa idosa deve se alimentar com um farto e nutritivo "café da manhã" (desjejum). É a principal refeição do dia, quando o organismo está descansado e limpo pelo jejum da noite. Essa refeição deve constar basicamente dos seguintes alimentos:

    a. Uma salada de frutas da região (sem proibir as de outras regiões), de diferentes espécies e cores, cortadas em pedacinhos. Podem ser processadas em sucos caso seja necessário. As frutas também podem ser servidas em jarras e em sucos de frutas naturais, como laranjas, acerolas, abacaxis e água pura.

No Brasil são boas frutas como mamão, banana, melancia, melão, abacaxi, abacate, morango, maçã, kiwi e uvas. Dada a riqueza da variedade das frutas brasileiras é possível escolher ao menos quatro dessas espécies e variar sempre. Sobre as frutas picadas, colocar nozes picadas em pedacinhos bem pequenos e/ou aveia em flocos pequenos. Oferecer mel para colocar sobre as frutas e/ou adoçar o café, chá ou leite é um bom complemento, especialmente no inverno.

b. Uma xícara de chá ou meio copo com leite desnatado ou integral. Pode ser diluído com café, chocolate ou chá e adoçado ou não, de preferência com mel ou pouco açúcar de algum tipo, dependendo da necessidade orgânica. Caso um idoso tenha restrição ao leite, oferecer chá ou suco.

c. Uma ou duas fatias de pão integral, que podem ser de qualquer espécie, dependendo de haver ou não restrições, torradas, broas de fubá ou milho. Quaisquer deles podem ser untados com mel, azeite ou manteiga, e acompanhados com queijos e seus derivados.

d. Todos os dias ou ao menos três vezes na semana, estimular a pessoa idosa a ingerir um ovo, que pode ser oferecido cozido, aquecido na casca em água fervendo ou frito em frigideira apenas untada com azeite ou manteiga, coberta com uma tampa e fogo baixo para não torrar a clara e "emborrachar" a gema. Sempre e em toda alimentação da pessoa idosa usar pouco sal.

Nessa alimentação básica — que, na verdade, é nutritiva e adequada em qualquer etapa da vida —, podem ser introduzidas variações, mas nunca deverá ser eliminado algum desses nutrientes, a não ser em casos de restrições, com acompanhamento médico e/ou de nutricionista.

2º) O almoço: entre 12h e 13h

Um intervalo de três horas entre as refeições do dia já é suficiente para um bom aproveitamento dos nutrientes ingeridos e a digestão de cada um deles.

No preparo do almoço é preciso sempre atender aos seguintes cuidados:

a. Utilizar produtos naturais, frescos e macios. Carnes magras, em maiores quantidades as brancas, de aves, peixes e frutos do mar. Essas últimas com o devido cuidado com os casos de alergias. As carnes devem ser cortadas em pedaços pequenos, sobretudo as vermelhas, que também podem ser trituradas.

Os temperos são os básicos de preferência: cebola, alho, cebolinha, salsinha. Cortar esses temperos e processá-los em um triturador misturados com sal e depois guardá-los em vidros é uma boa medida para conservá-los e economizar tempo na cozinha. Poderão ser usados outros condimentos não agressivos ao organismo humano, mas sensível ao paladar da pessoa idosa. É preciso levar em conta que o aparelho digestivo é o mais solicitado pelo organismo, o aque está em constante contato com o exterior pelo consumo de alimentos oferecidos pela Natureza. Dele dependem todas as demais funções orgânicas que permitem ao ser humano ser saudável ou não no decorrer da sua vida. Lembrar que as hérnias de hiato, os refluxos, as gastrites e as diverticulites costumam marcar presença no organismo da maioria das pessoas idosas e se não forem cuidadas produzirão cada vez mais estragos na sua saúde e na qualidade de vida.

b. Outro cuidado com o trato da alimentação das pessoas idosas é a maneira de oferecer os alimentos. O ideal para sua saúde física e mental é levá-los a participar da elaboração dos cardápios discutindo preferências, sabores, temperos etc., e sejam eles homens ou mulheres, deixá-los ajudar no preparo das refeições fazendo algumas tarefas na cozinha, como lavar legumes, colher vegetais na horta, lavar verduras, cortar batatas, mandiocas, inhames, abóboras etc. Com isso eles terão uma motivação periódica e um preparo mental de seu organismo para receber alimentos. Além disso, também se sentirão parte dos responsáveis pelas iguarias apresentadas à mesa. Finalmente, é estabelecida uma relação entre a pessoa idosa, o alimento e as pessoas que com ela compartilharão as refeições. Seriam momentos gratificantes, para troca de ideias, informações e assuntos para conversas. Posso falar com conhecimento de causa: não há nada mais triste do que assistir — ou participar — de refeições com um grupo de idosos sentados, silenciosos, mal olhando para o que comem, nem vendo quem está ao seu lado, muitas vezes de olhos semifechados, como se estivessem sozinhos.

c. Todos nós sabemos da importância de ter companhia às refeições. Numa mesa em que todos se conhecem há um convívio alegre, as pessoas demonstram no olhar, nos gestos e nos ruídos que estão felizes, comendo com apetite e sem pressa de sair. Uma mesa em que cada um fica em seu canto, ou por desconhecer ou por não desejar saber quem está ao seu lado, deixa claro que todos estão vivendo juntos, mas não estão convivendo. Nada restará entre eles depois que cada um engolir seu último bocado e se afastar da mesa. A companhia aumenta a autossegurança, a autoconfiança e a motivação para fazer algo em comum que deixe marca em cada um deles, que tenha influência na saúde mental porque desperta a atenção, a observação, o interesse, a alegria... Enfim, prepara o organismo para se beneficiar dos alimentos ingeridos.

Outro recurso para estimular a pessoa idosa a uma boa refeição e o início de digestão seria a música. Atualmente, cada vez mais se fala nos efeitos terapêuticos dos sons.

Sem apelar para a Física dos sons ou a Arte musical, todos os seres humanos, em todas as idades, já sentiram e sentem frequentemente seus efeitos na sua saúde fisiológica e mental. A música nos alegra e nos entristece; faz-nos recordar e sentir novamente as reações físicas e emocionais provocadas por acontecimentos do passado; pode nos preparar para a ação tanto emocional quanto física, induzindo reações químicas no organismo. Um exemplo disso é o poder de hinos marciais, mantras e músicas com palavras--chave. É até mesmo um auxiliar terapêutico que, por intermédio da fé religiosa, conduz à meditação, ao distanciamento do mundo objetivo para focar integralmente em forças capazes de modificar atitudes e até funções e movimentos corporais. É o caso da medicina oriental chinesa e outras filosofias taoístas e budistas.

Uma música suave, mas alegre, ao fundo, no horário da refeição da tarde ou do lanche, é um recurso para relaxar o organismo e eliminar as tensões do dia.

3º) O chá da tarde

Um lanche leve à tarde deve ser servido entre 15h e 16h.

Basicamente, servir um chá de erva natural fresca ou desidratada. De preferência erva-doce, camomila ou erva-cidreira, e não o capim-cidrão nem erva-cidrão. A erva-cidreira é um capim que tem um forte aroma típico e suave. Antigamente nem precisava ser plantada, nascia espontaneamente na beira das estradas, quase todas as casas tinham touceiras de erva-cidreira no quintal.

A erva-doce ajuda na digestão e a erva-cidreira é calmante. A camomila é um chá muito leve e relaxante, que se costumava dar aos recém-nascidos que até os quatro ou cinco meses choravam muito à noite. Portanto nada mais adequado à pessoa idosa para suavizar sua angústia e solidão. Uma xícara ou um copo de um desses chás também pode ser colocado ao lado da cama dela caso tenha algum problema de insônia.

Antes ou depois do chá pode ser oferecido à pessoa idosa uma xícara de leite morno com ou sem chocolate, torradas ou bolachas de maisena ou de água e sal. Há também a opção de um bolo leve, de uma fruta natural ou batata-doce, abóbora ou cenoura, entre outros. É a hora do açúcar, importante nutriente que, sabendo usar com moderação, dá energia/caloria ao organismo. Por seu alto valor glicêmico, os doces ajudam na produção da serotonina, hormônio encarregado de regular o humor. Se seu consumo exagerado pode produzir diabetes, seu uso adequado é a forma mais rápida de fornecer glicose para o corpo, pois ela é essencial ao bom funcionamento do cérebro, da retina e dos rins.

4º) O jantar

Entre às 18h e 19h será servida a última refeição do dia. Uma refeição leve, de preferência uma sopa feita de legumes com caldo de carne vermelha magra ou de frango, previamente grelhada com temperos e pouca gordura, ou óleo de soja ou de milho, ou, melhor ainda, de banha suína. Depois de cozida com um copo ou mais de água — dependendo da quantidade —, a carne, os legumes e o caldo podem ser batidos em liquidificador. Podem ser reservados alguns pedacinhos de carne e um pouco de legume, como ervilhas e cenouras bem picadinhas, para serem servidos na sopa. Se houver algum caso de restrição, esse alimento em particular deve ser processado para facilitar a deglutição.

A sopa deve variar no decorrer da semana, utilizando a rica variedade que a Natureza oferece ao homem, tal como sopa de milho verde, abóbora, batata, mandioca, mandioquinha-salsa, feijão etc., mas sempre com um bom caldo de carne.

2.3.3 A Água

A Água é um elemento que faz parte do organismo de todos os seres vivos e um dos recursos da Natureza. Ela cobre 70% da massa do planeta Terra e, coincidência ou não, ela responde por mais de 71% da massa do corpo humano.

Uma molécula de água é formada pela ligação de dois átomos de hidrogênio para um de oxigênio, que se unem por ligação covalente (H-O-H) = (H_2O).

É essencial para todos os processos fisiológicos do corpo humano, digestão, absorção e excreção. Desempenha um papel-chave na estrutura e na função do sistema circulatório e atua como meio de transporte para os nutrientes e todas as substâncias corpóreas.

O organismo humano não tem condições para o armazenamento de água, portanto a quantidade de água perdida em 24 horas deve ser reposta para manter a saúde e a eficiência corpórea. A reposição de água no organismo é feita por meio da água utilizada nos alimentos, assim como com as que compõem o próprio alimento, tais como leite, iogurte, frutas, vegetais e alimentos manufaturados que contenham água, por exemplo, sorvetes, doces, cremes etc.

Segundo o *Guia alimentar para a população brasileira*, desenvolvido pelo Ministério da Saúde,[16] a quantidade ideal de água varia conforme a idade e o peso da pessoa. Em média, ela se mantém em aproximadamente dois litros diários para a pessoa adulta.

É preciso ingerir água potável para dela extrair todos os benefícios para o corpo. São eles:

- Regular a temperatura corporal.
- Auxiliar na desintoxicação do corpo.
- Ajudar na absorção dos nutrientes.
- Hidratar a pele.
- Auxiliar o metabolismo celular (contribui para o emagrecimento).
- Prevenir o aparecimento de pedras nos rins.
- Melhorar a circulação sanguínea.
- Facilitar a digestão das refeições.

Após o consumo, a água é imediatamente distribuída por todo o organismo. Um copo de água leva, no máximo, em torno de 60 minutos para percorrer todo o corpo. Daí a grande importância de estar sempre atento à hidratação da pessoa idosa. Uma das grandes preocupações de quem cuida de pessoa idosa é ter certeza de que ela está sempre se lembrando de ingerir a água necessária ao seu organismo. Frequentemente ela confirma que tomou água sem tê-lo feito, e o organismo dela não a avisa mais dessa carência por não sentir sede como quando era jovem.

O ideal é ter ao lado da cama do idoso uma daquelas maravilhosas e antigas moringas de cerâmica que os avós ancestrais enchiam com a água límpida da fonte todos os dias pela manhã e à noite. A água permanecia fresca o dia todo. Também era costume ingeri-la com limão pela manhã em jejum e mais tarde com suco de frutas com pouco açúcar. Bons tempos! Será que não voltarão mais?

Esvaziar a moringa até a noite é um desafio para a pessoa idosa, então é bom ficar atento.

São características de uma boa água potável: ser incolor (límpida), inodora (sem odor) e insípida (sem sabor).

2.4 Longevidade e estilo de vida

Tudo que foi falado sobre uma alimentação balanceada para a saúde do ser humano, especialmente após os 60 anos, mostra a riqueza de uma despensa com produtos perfeitamente adequados à alimentação do organismo e da mente do homem durante toda a sua vida.

Desde o início da civilização o homem teve acesso a essa riqueza gratuitamente porque mantinha com a Natureza uma relação de troca: ele cuidava dela, recebendo os produtos para seu alimento.

Após muitas mudanças que o levaram a se afastar cada vez mais de sua despensa viva e se aproximar de uma educação alimentar urbana imposta pela industrialização, o homem vem se conscientizando de que o valor da sua vida está cada vez mais ligado ao valor que ele atribui ao dinheiro, e que esse nada mais é do que um código inerte em si próprio, colocado à frente dos maravilhosos produtos da Natureza, que sempre estiveram intimamente ligados ao bom funcionamento do seu corpo e de sua mente.

Para o homem chegar ao ponto extremo de sair da zona de conforto de uma educação alimentar industrializada e pensar na verdadeira origem das carências vitais e problemas sociais que assolam seu organismo e mente foi necessário aparecer na História do Homem uma nova dimensão da vida: a Longevidade. Hoje, com mais de 90 anos, cada vez mais pessoas idosas olham para o horizonte à espera de que as ciências e a mágica tecnologia encontrem a chave da longa vida humana e sua qualidade.

O gratificante trabalho masculino era cuidar da roça e dos animais, rachar lenha para o santo fogo de cada dia e carregar sacas de produtos da lavoura para levar em carroça ou charrete até o armazém ou a uma firma que os comprasse. Aos poucos, as primeiras "Vendas" ou "Entrepostos começaram a dar lugar aos grandes Armazéns, onde eram vendidos principalmente os cereais (arroz, feijão, café), as sementes (como castanhas, pinhões), o açúcar, o sal e as pimentas secas. Tudo era ensacado após secar ao sol para conservação no decorrer das estações. As exceções eram a gordura (banha de suínos), que se solidificava à temperatura ambiente, guardada em latas para venda e barris de carvalho, e os óleos, embalados em latas e garrafas de vidro. As carnes, salgadas e secas (bovina, suína, de aves e caças), depois de desidratadas ao sol, eram embaladas com bastante sal em caixotes de madeira. Esses eram reutilizáveis, assim como as "latas de banha" com gordura suína.

Logo mais, com os negócios dando lucros (dinheiro) e facilitados pelo intermediário (empresário), começaram a surgir os Empórios, muito atrativos com seus produtos finos e importados, além de mesinhas em que os clientes podiam degustar vinhos e queijos finos, experimentar cafés especiais e charutos cubanos.

Os homens estavam começando a aprender uma nova função masculina: a de negociantes, empresários, e a acompanhar com interesse o valor mutante do dinheiro, que começava sua escalada à frente da mercadoria.

E a vida humana continuou se alongando. Com o desenvolvimento das ciências, especialmente a biologia, a química e a física, além do surgimento dos profissionais da saúde e das especializações médicas e farmacêuticas, as epidemias e pandemias, com seus vírus e bactérias começando a ser controlados, a vida foi adquirindo um novo sentido, maior valor e respeito. Cada vez mais rapidamente as faixas cronológicas foram sendo vencidas pelo homem.

Na década de 1960, os senhores de 50 anos já eram vistos como velhos apresentáveis e dignos, e os que chegavam aos 60 anos — os sexagenários — eram considerados macróbios "com o pé na cova".

Para encurtar, hoje, um homem com 60 anos, que teve uma vida razoavelmente saudável, tanto do ponto de vista físico quanto mental e cultural, que se sente um participante da vida social e econômica no meio em que vive, não se justifica mais uma lei obrigá-lo a se afastar da vida ativa e produtiva, dando-lhe como "prêmio" de aposentado um atestado de incapacidade.

Porém essa faixa de vida, dos 60 anos em diante — hoje facilmente chegando aos 90 e mais —, está pesando para as famílias, sendo uma carga às costas dos governos e uma triste etapa de sofrimento, angústia e solidão para aqueles que estão iniciando uma nova existência que não é mais de final de vida. A pessoa idosa precisa provar seu direito e sua capacidade de usufruir mais 30 ou 40 anos além dos 60, de uma vida com saúde, qualidade e trabalho, inserido na comunidade.

O antigo velho acordou e a família e a sociedade estão sentindo na pele empedernida por uma tradição cultural de desprezo e ignorância à velhice, a necessidade de enfrentar o problema e encontrar sua solução.

O problema mundial que está surgindo com a evolução do novo velho a um novo patamar de vida está assustando a sociedade humana. Inúmeras pesquisas e estudos vêm sendo feitos no mundo inteiro a respeito do processo e do significado pessoal, social e econômico do envelhecimento estendido, tanto para a própria pessoa idosa como para a sua família, a sociedade e o governo. Mas o campo é muito vasto e o objeto de estudo muito complexo.

Entretanto cada descoberta em direção ao conhecimento das funções e disfunções da pessoa idosa em suas relações consigo própria, com a família e com a sociedade, representa um passo à frente em direção à transformação do conceito de velhice, com a introdução, nas gerações emergentes, de uma nova etapa de vida a ser considerada após a velhice: a Longevidade.

Um dos estudos mais interessantes e completos que existe foi realizado em 2004 — é bom lembrar que a Longevidade é um tema que exige tempo e interdisciplinaridade para focar e acompanhar aspectos relevantes e suas inter-relações.

Dan Buettner,[17] jornalista e pesquisador, juntamente a um grupo de especialistas, demógrafos e a psicóloga Ellen Lang, em parceria com a National Geographic, saíram pelo mundo a fim de colocar em prática um projeto sobre Longevidade: descobrir em que lugares do planeta as pessoas viviam mais e melhor, chegando a ultrapassar os 100 anos.

Num período de oito anos eles procuraram e encontraram cinco comunidades que se destacavam pela longevidade. Eles descobriram que muitos de seus habitantes chegavam aos 100 anos ou mais e as denominaram Zonas Azuis. Buettner escreveu um livro sobre essa pesquisa, no qual conta como essas pessoas viviam, o que tinham em comum e como adaptar esse estilo saudável à nossa vida.

Os pesquisadores constataram nos habitantes dessas cinco localidades, nove características e práticas específicas que resultavam em uma alta incidência de longevidade. Eles chamaram essas práticas de "O Poder 09". Buettner diz que apenas 20% do tempo que o homem vive depende de seus genes; os restantes 80% ele deve ao seu estilo de vida.

Os estilos de vida dos habitantes das Zonas Azuis apresentavam as seguintes características em comum:

1. Alimentação: dietas com base em vegetais predominantemente da região e produzidos nas próprias terras: folhas, tubérculos, raízes, sementes e cereais. Além da grande variedade de verduras e legumes eram comuns o feijão, o grão-de-bico, a soja e o tofu. Muito pouca ou nenhuma carne vermelha (não mais do que quatro vezes ao mês) e consumo moderado de peixes (em alguns desses lugares, duas vezes na semana).

    Eles consumiam alimentos de baixo teor calórico, controlado intuitivamente.

    Não ingeriam grandes quantidades de alimento. Aparentemente, a filosofia dos japoneses de Okinawa valiam para as demais comunidades das Zonas Azuis: o "hara hachi bu", o que significa "comer até ficar 80% satisfeito". Utilizavam pratos pequenos para as refeições.

    Em nenhuma das comunidades existia o hábito de fumar (tabagismo), nem o de beber (alcoolismo). Apenas na Sardenha, os italianos bebiam moderadamente o vinho feito por eles próprios.

2. Atividades/Trabalho: em todas as comunidades os moradores, tanto os homens quanto as mulheres, realizavam trabalhos que exigiam boa e constante movimentação e energia do corpo. Em sua maioria eram pastores e passavam boa parte do dia — em geral pela manhã — caminhando em regiões montanhosas, levando rebanhos de cabras ou

ovelhas. Outra parte do seu tempo era dedicado à jardinagem e às hortas, e uma terceira parte do dia utilizavam para jogos e competições na comunidade.

Todos, inclusive as pessoas idosas, sem discriminação de sexo ou idade, enquanto vivos trabalhavam na comunidade, ajudavam nas tarefas domésticas e na criação e na educação dos netos. Elas eram respeitadas e ouvidas com a autoridade de anciãos.

3. Religião/Fé: a crença e os rituais religiosos tinham muita influência no estilo de vida dessas comunidades. Embora as linhas religiosas variassem, o fundamento da fé — a crença e a obediência a um poder espiritual maior (Deus) e na existência da alma (espírito ou energia) — estava presente, indo desde o cristianismo católico a religiões adventistas, como no budismo.

4. Os laços sociais eram muito fortes, com a família, a sociedade, os amigos e os grupos de trabalho. Eram felizes com tudo que faziam e a teoria de quase todos era a de que tudo que fosse feito em benefício ao outro seria feito para si próprio. Aos avós competia a tarefa de transmitir às novas gerações o amor e as tradições ancestrais da família.

Na pesquisa realizada por Buettner, os laços sociais e o amor apareciam em primeiro lugar como forças básicas determinantes da felicidade, da qualidade de vida e da longevidade.

Diante dos resultados obtidos, o autor da pesquisa extraiu nove lições para a pessoa idosa ter uma vida longa e com qualidade, que personalizei um pouco em função de minha vivência:

1ª – Mantenha-se sempre em movimento e realize pequenas tarefas, como cuidar do jardim, trabalhos artesanais e todas as atividades de que sempre gostou. O importante é trabalhar no que lhe dá prazer.

2ª – Tenha sempre um propósito para se levantar pela manhã.

3ª – Procure intercalar trabalho com lazer e viva ambos com paixão.

4ª – Não faça refeições até ficar saciado. Saia da mesa sempre pensando que se pudesse comeria mais um pouco.

5ª – Descubra todas as maneiras de preparar vegetais para que fiquem do jeito que você gosta.

6ª – Continue tomando seu vinho com muita moderação. Lembre-se de que tomá-lo em pequenos goles o deixará saboroso durante mais tempo do que ingeri-lo como água.

7ª – Nunca tenha pena ou medo de errar ao elogiar e sorrir para os outros. Seu afeto e bom humor sempre farão a felicidade de alguém e a sua própria.

8ª – Por mais que seja ofendido ou humilhado, nunca tente responder no mesmo nível. O que é enviado para alguém só faz efeito se for recebido. Se for ignorada, a maldade voltará a quem a enviou.

9ª – Se disserem que você foi perfeito mantenha sua humildade e pense: "Se estiver perfeita não poderei deixá-la melhor". E se disserem que você errou muito, pense: "Se eu errei e tenho defeitos, aprenderei com eles a melhorar".

A importância da pesquisa de Buettner foi estabelecer a generalização de suas conclusões tendo em vista as diversidades pessoais e regionais das comunidades estudadas. As diferenças raciais, ecológicas e sociais variaram a fim de que os resultados pudessem ser analisados em função do denominador comum: faixa etária, dos 90 anos a mais. As regiões estudadas foram as seguintes: Ilhas da Sardenha (Itália); Arquipélago de Okinawa (Japão); Ilha de Icária (Grécia); Península de Nicoya (Costa Rica); Condado da Califórnia (EUA).

Posteriormente foi encontrada e estudada outra comunidade, localizada num vale do Rio Hunza, entre as fronteiras do Paquistão e Índia.

Com foco na pessoa idosa, uma visão do envelhecimento mais humana e inteligente por parte da sociedade, bem como a ajuda inovadora dos recursos da tecnologia aplicados à saúde, à ecologia e à moradia, pode ser multiplicadora de Zonas Azuis pelo mundo com a criação de EcoVilas Sênior, onde comunidades de idosos possam viver como elementos ativos e participativos da sociedade até o final de uma vida sem data marcada para acabar.

TEMA 3

ALIMENTO E ENERGIA

3.1 Corpo e movimento

Tudo no Universo está em constante movimento. Observados pela ótica humana, os movimentos das estrelas galáxias e dos planetas são eternos. Mas numa perspectiva cósmica os elementos que compõem o Universo estão não só em constante movimento, mas também em transformação. Assim, a Terra, e nela as nossas insignificantes vidinhas, somos apenas elos em uma corrente universal que não tem origem nem fim, mas cujo movimento contínuo registra incessantemente cada mudança, desde um simples olhar até os grandes cataclismos universais.

Se nesse contexto a vida humana é uma sequência de mudanças que compõem seu movimento, então o princípio que comanda o Universo é a mesma energia que permite nosso deslocamento no espaço e orienta nossas mudanças em direção ao crescimento, ao envelhecimento e à transformação final do corpo (matéria), o que chamamos morte.

Essa pequena referência à evolução dos seres no universo é para colocar em destaque a importância dos movimentos na vida humana. Podemos dizer que movimento é vida, sedentarismo é doença e imobilidade é morte.

A partir da fecundação, o ser humano — como todos os seres vivos — executa pequenos movimentos, que vão se ampliando até a explosão do nascimento, quando entra em contato livre com o mundo exterior. Daí por diante a criança começa a executar uma infinidade de movimentos tanto internamente — fisiológicos — como em direção ao meio ao seu redor. E todos vão se encaixando e se complementando com harmonia e equilíbrio para definir o desenvolvimento de um ser humano completo.

Mas os movimentos e as mudanças continuam, e continuam em direção aos órgãos, vísceras e mentes, até a parada final. Os movimentos que sustentaram a vida mais uma vez mudam para começar uma nova transformação: o preparo da matéria na forma de alimento para a natureza da qual se originou e obteve sustento no decorrer da vida.

3.2 Evolução das práticas

Para estar vivo o ser humano precisa de dois tipos de movimentos: externos, para conectar o homem com a natureza; e internos, para equilibrar os elementos que compõem seu corpo e sua mente.

Os movimentos internos responsáveis pelas funções orgânicas devem ser automáticos, instintivos e funcionais. Qualquer desequilíbrio provoca uma disfunção mais ou menos grave. Algumas disfunções podem até ser voluntariamente impostas ao organismo, como o alcoolismo, o tabagismo e outros produtos que podem causar dependência orgânica e afetar a saúde. Em geral são disfunções provocadas pela sociedade.

Assim também são os movimentos corporais externos. O homem tem seu corpo construído com arte, beleza e harmonia para o equilíbrio funcional. Isso quer dizer que em qualquer aspecto do seu físico, os componentes do seu corpo estarão "balanceados" para movimentos específicos, que darão suporte à sua saúde e à sua qualidade de vida.

Os pilares para o equilíbrio de todos os movimentos de seu corpo são seus quatro membros. Sem qualquer um deles o homem se desequilibra e precisa substituir a "peça" inutilizada por uma prótese ou órtese que equilibre os movimentos nos deslocamentos do corpo no espaço. Em qualidade e complexidade, os movimentos normalmente acompanham as mudanças do corpo e da mente no decorrer da vida. Candace Pert[18] propõe uma análise das conexões

Corpo, Mente e Espírito e a influência de suas inter-relações na saúde e na qualidade de vida.

A saúde é decorrência do funcionamento equilibrado de todos os elementos que compõem o corpo e a mente do homem e os movimentos são os elementos que tornam possível esse funcionamento.

Existe no corpo humano um órgão responsável pelo equilíbrio do corpo no espaço que é a orelha. No interior dela — ouvido interno — está o aparelho vestibular, conhecido como labirinto, que forma canais semicirculares cheios de um líquido.

Quando o corpo se movimenta, as células sensoriais do ouvido interno geram impulsos nervosos, que ao serem levados para o cérebro lhe permitem determinar a posição da cabeça. Quando a pessoa gira seu corpo, o líquido nos canais semicirculares também se movimenta.

Quando a pessoa para o líquido continua a girar em razão da inércia e estimula as células sensoriais do encéfalo causando a sensação de tontura. A tontura ocorre porque as células sensoriais do ouvido interno enviaram ao cérebro a mensagem de que o corpo está em movimento enquanto os olhos dizem que está parado. Esse conflito de informações ao cérebro causa a tontura. Daí podermos concluir que os olhos também participam da sensação de equilíbrio porque são eles que informam o cérebro sobre a posição do corpo e da cabeça pelas imagens do ambiente.

Do mesmo modo a audição, o olfato e o tato se movem para completarem o equilíbrio e a harmonia da conexão do corpo e da mente do homem ao seu ambiente.

Esse funcionamento evolui com a idade, até o momento em que o homem começa a envelhecer. Em torno dos 50 a 60 anos o corpo humano vai perdendo a sua capacidade e a sua habilidade natural de executar a imensa variedade de movimentos para os quais nasceu aparelhado. Entretanto tal processo não ocorre da mesma maneira para todos os indivíduos. Aqueles cuja vida exigiu mais movimentos físicos perdem menos do que aqueles cuja vida e trabalhos os tornaram sedentários.

A educadora física Hérica Sanfelice,[19] especialista em vários métodos de práticas com movimentos que integram atividades mentais e físicas, observa que alguns movimentos naturais ao homem, quando realizados regularmente no decorrer da vida, podem manter e até restaurar a saúde, a condição física e o bem-estar. Vou exemplificar com alguns deles que a autora do livro *Treino Gaia* relata, para ilustrar a teoria dela sobre movimentos que antigamente eram utilizados até a velhice e que hoje, pelo desuso, são considerados acima das capacidades das pessoas idosas e até de adultos, mas são naturais às crianças.

1. Um deles é sentar-se de cócoras. Esse hábito, que ainda hoje é comum no Brasil em algumas zonas rurais e tribos indígenas, desapareceu pelo desuso principalmente na civilização ocidental. No entanto diz a autora que esse movimento constitui a melhor maneira de manter a mobilidade da região da parte inferior das costas, descomprime a coluna vertebral e alivia as dores lombares. Essa posição alonga desde a nuca até a planta dos pés, alivia a pressão dos joelhos e melhora a flexão dorsal dos tornozelos. É uma prática que deve ser feita aos poucos, como preparo para a qualidade de vida na fase idosa.

2. Sentar-se e levantar-se do chão com ou sem ajuda também é um movimento bastante afetado com o envelhecimento porque depende em grande parte dos músculos e das articulações dos joelhos, cuja fragilização acompanha pari-passo o processo do envelhecimento.

3. Equilíbrio em um pé só. Manter-se equilibrado em um só pé também revela muito da saúde. De acordo com a autora, esse movimento deve ser praticado todos os dias. Aproveitar todos os momentos para ficar num pé só, de preferência descalço.

4. Andar descalço em diferentes superfícies. Permite a adaptação neuromotora variada.

5. Passar sobre e sob diferentes obstáculos. É importante brincar com os movimentos em diferentes planos, direções e territórios.

6. Engatinhar ou locomover-se no chão com apoio das mãos. Ajuda a fortalecer o tronco, os membros superiores e a coordenação dos membros e tronco.
7. Participar de brincadeiras em grupo. Desenvolve a atenção e a coordenação motora, a sociabilidade, a alegria, melhora a saúde e ajuda a se dirigir à longevidade.

Mas todo profissional da saúde sabe que as práticas corporais devem ser trabalhadas de acordo com o nível da capacidade de cada indivíduo tendo em vista a sua idade, experiências de vida, interesses e necessidades físicas, fisiológicas e mentais. Sabe também que não existe um exercício ideal que, sem prática, produza melhores resultados a um indivíduo ou grupos por estar em consonância com a realidade e as necessidades comuns a todos.

De acordo com o American College of Sports Medicine (ACSM),[20] para ser considerado um fator de proteção à saúde, o nível de esforço indicado para adultos e pessoas idosas é a realização de atividades aeróbicas de intensidade moderada durante pelo menos 30 minutos por dia, cinco dias na semana.

O homem precisa aprender a usar com sabedoria a sua habilidade inata de se movimentar para auxiliar as funções de seus órgãos, vísceras e capacidades mentais, ou seja, o funcionamento equilibrado de todo o seu organismo.

Esses movimentos, que no início da civilização eram apenas instintivos e intuitivos, atrelados às necessidades de sobrevivência, foram se modificando com as diferentes aprendizagens que o mundo foi oferecendo.

Levado por sua sede de conhecimentos, o homem foi além de sua potencialidade natural. Por intermédio de uma tecnologia cada vez mais sofisticada e avançada, ele foi criando acessórios para substituírem os movimentos espontâneos e naturais do corpo. Aos poucos foi se afastando da natureza e deixando de perceber a sabedoria inata com que as espécies que a compõem utilizam seus movimentos de sobrevivência até o fim de suas vidas.

O ser humano vem utilizando sua inteligência para criar uma série de aparelhos e equipamentos capazes de substituir as funções naturais de seus membros e órgãos a fim de alcançar e manipular tudo o que deseja sem usar os seus movimentos corporais naturais adequados. Com isso, foi-se esquecendo de preservar a conexão de sua integridade física e fisiológica com suas necessidades de movimentar-se para viver bem no presente e levar para o futuro uma vida com qualidade.

3.3 A consciência corporal e as práticas alternativas

Mas nem todos os povos se desenvolveram da mesma maneira. Como vimos, alguns povos em países situados no Oriente, baseados em um misticismo de fé e espiritualidade, desenvolveram uma cultura que os preparou para viverem com a sabedoria milenar acumulada ao longo de inúmeras gerações.

Assim, de acordo com a milenar filosofia taoísta foram criados movimentos para cultivar as energias do corpo e da mente do homem, elaboradas mediante estudo dos movimentos da Natureza. Primeiro aprenderam a valorizar os movimentos do corpo, entendendo-os como uma atividade comum e necessária a todos os seres que apresentam alguma forma de vida.

Depois de estudar e observar com muita paciência os movimentos dos elementos que compõem as forças da natureza, ou seja, a água, o vento, o clima, as estações do ano, os movimentos dos vegetais ao se desenvolverem e dos animais a caçarem, defenderem-se, acasalarem, agir em grupos etc., concluíram que: a) todos os seres da natureza se movimentam segundo padrões básicos, cujo estudo e conhecimento podem ser úteis ao homem; b) tais movimentos estão relacionados com energias positivas e negativas que os podem levar a erros ou sucessos e que também podem orientar a evolução da vida humana em direção à defesa contra perigos e à saúde do corpo e da mente.

Um paralelo entre a explicação taoísta da vida e a mesma análise em termos de matéria e movimento vistos pela Física Quântica é brilhantemente exposto por Fritjof Capra[21] em seu livro *O Tao da Física*.

No início de 1900, as práticas terapêuticas orientais chegaram ao Brasil trazidas por grandes mestres. Essas práticas vêm sendo ensinadas na forma de conjuntos de movimentos como um caminho para a saúde do corpo e da mente. Constituem um preparo para a qualidade de vida e a longevidade e em todo o mundo são praticadas tanto por crianças quanto por jovens, adultos e pessoas idosas. Essas pessoas, de 60 anos a mais, em variados lugares, especialmente no Oriente, e de diferentes situações socioeconômicas, estão sendo beneficiadas — e poderão ser muito mais — em suas relações consigo próprias, com a natureza e com a sociedade. Ainda são poucas, tendo em vista o aumento crescente da população idosa em nosso país, assim como está acontecendo no mundo todo.

No Brasil ainda faltam políticas públicas que enxerguem, nas carências da população que envelhece, mais do que um lugar para dormir, alimento para ingerir e um médico para acompanhar seu envelhecimento.

Ainda muito poucos são aqueles que pensam nas necessidades das pessoas idosas em termos de uma alimentação que vai além da simples ingestão de alimentos. É preciso entender que a saúde é resultado da satisfação de várias necessidades do corpo e da mente e que elas estão interligadas como uma rede flexível em constantes movimentos físicos e fisiológicos do corpo e intelectuais e emocionais da mente.

Atualmente os profissionais da saúde vêm procurando compatibilizar as necessidades do corpo e da mente com os tipos de alimentos e dos movimentos que cada indivíduo deve e pode realizar. Procuram também estabelecer direções e limites aos seus movimentos, tendo em vista a manutenção e o desenvolvimento de sua saúde e seu bem-estar.

Uma vez que os movimentos do homem têm como objetivo garantir a devida adequação das funções de seu corpo e de sua mente, podemos dizer que sua saúde depende de quatro tipos de movimentos:

a. De sobrevivência: para manter a qualidade de vida (alimentação, higiene, socialização e trabalho).

b. De exercícios: para experimentar seus limites (espontâneos, ginástica, academia, jogos).

c. De cultura e lazer: para conhecer o prazer do coletivo e sentir os resultados dos movimentos simultâneos do corpo e da mente (trabalho em grupo, viagens, elaboração e realização de planos e projetos).

d. De vivência: para valorizar a vida (filosofias, religiões, valores, estilos etc.).

Os movimentos que acompanham o indivíduo a partir da infância vão sofrendo mudanças em várias direções por força de uma grande variedade de fatores internos e externos, mas sempre mantendo uma base estrutural que lhes garante uma identidade.

Além das estruturas genealógica e individual, cada pessoa é identificada por marcas que, além de uma família e uma linhagem, revelam traços de uma etnia anterior, original, que indica uma espécie entre as demais que vivem no planeta Terra. Por fim, cada espécie realiza movimentos que a distingue de todas as outras, mas mantém algumas funções que são comuns a todas as demais. Por exemplo todas as aves têm seu organismo composto da mesma forma que as demais espécies vivas (órgãos, vísceras, músculos, tendões, olhos etc.), mas com características físicas e orgânicas específicas.

Portanto características distintas determinam diferentes movimentos para atender iguais necessidades, do mesmo modo que certas diferenças raciais dentro da espécie humana. Nas espécies animais também existem diferenças de características animais, de famílias e linhagens.

O que marca a diferença fundamental entre a espécie humana e as dos outros animais – conhecidas até o momento – é o conteúdo mental. Até onde sabemos, o homem é o único ser consciente do Universo. É o único capaz de obter informações, analisá-las em função de objetivos, fazer escolhas e avaliar os resultados obtidos. É o único também capaz de dominar todas e quaisquer técnicas de movimento corporal porque se utiliza da maior parte de seu corpo com consciência além do instinto.

Por exemplo, ele pode mover seu corpo de forma voluntária, aprendida e organizada para acompanhar sons, indo, assim, além do instinto que comanda os belos movimentos da dança de acasalamento de várias espécies animais. Por essa razão o homem pode compreender o sentido do movimento em sua vida, na vida da Natureza, do planeta e do Universo e entender a importância de conhecer e utilizar os seus movimentos, assim como o de outras espécies, em benefício de sua saúde e de seu bem-estar até o final de sua vida.

A fim de garantir a boa utilização dos tipos de movimentos que o homem deve e é capaz de realizar, os profissionais da saúde pesquisaram, estudaram e se especializaram em diferentes práticas de movimentos simultâneos, mentais e corporais. Mas a exemplo de Shustermann,[22] chamam a atenção para o que constitui o alicerce que vai garantir a cada pessoa alcançar os melhores resultados com os movimentos realizados no seu espaço de vida: a sua Consciência Corporal.

Consciência Corporal é a imagem mental que cada um tem de seu próprio corpo no ambiente. É a capacidade de estabelecer seus limites, de mostrar que sua saúde está ou não bem e perceber disfunções que nela possam ocorrer.

Essa capacidade é inata e começa a se desenvolver com os primeiros movimentos do ser humano. Mas a interpretação das respostas do corpo e da mente aos vários estímulos internos e do ambiente — originalmente decorrentes de funções e disfunções do organismo — representa uma capacidade que pode ser orientada e desenvolvida. Isso pode ser feito na forma de habilidades físicas e mentais conscientizadas por meio de informações e práticas corporais e mentais. São as chamadas Práticas Alternativas.

Hoje estão muito difundidas várias Práticas Alternativas baseadas em movimentos desenvolvidos por antigas filosofias terapêuticas do Oriente, especialmente da Índia. Essas filosofias acreditam nos efeitos benéficos para a vida humana, de certos movimentos que envolvem o corpo e a mente como um todo.

São práticas hoje conhecidas por beneficiar o homem em qualquer idade e estarem ao alcance de qualquer pessoa que se interesse por incorporá-las a sua vida diária. Seus efeitos ficam mais visíveis com a idade, principalmente na velhice, por aliarem à saúde do corpo a capacidade mental dada pelas experiências vividas. Os grandes mestres sempre foram anciãos.

As Práticas Corporais Alternativas têm origens diferentes, mas as mais conhecidas no Oriente são as da China, do Japão e da Índia.

Todas apresentam um ponto em comum: o controle da respiração. É por intermédio desse controle que o homem se torna capaz de atingir o estado da meditação, da consciência do seu "eu" profundo.

As práticas mais comuns e difundidas são, entre outras, o Pilates e o Ioga.

O controle da respiração é considerado um elemento tão fundamental que o antropólogo Marcel Mauss,[23] em seu artigo *As técnicas do corpo*, afirma a possibilidade de que mediante essas práticas, que conduzem a um estado especial de consciência, o homem possa (como ele denomina) "entrar em contato com Deus".

Embora utilizadas em países com uma antiguidade de mais de 5.000 anos, essas técnicas ganharam um estilo moderno e vieram para ficar.

Hoje podemos ver nas várias tendências de pensamento e abordagens ao elemento Movimento, o conceito comum de Energia que responde pela vida do homem no planeta Terra, mas ainda resta um problema para o qual é preciso encontrar resposta: se o homem é o ser mais perfeito do planeta Terra, se ele tem, além da inteligência, a consciência para guiá-lo em suas dúvidas e escolhas, por que é também o ser que mais apresenta disfunções de comportamento provocadas por falhas no funcionamento de seu organismo e mente? Finalmente, com tantas conquistas intelectuais e capacidade para conviver em harmonia e equilíbrio com a Natureza, os outros homens e consigo próprio, por que o homem se move na corrente da vida até a morte com escolhas, crenças e valores, trabalhos e lazer, que ainda não lhe deram o retorno positivo desejado?

A grande maioria das pessoas idosas encontra numa velhice cada vez mais longa um encargo pesado, triste, cujo cansaço ao final irá se manifestar no isolamento e na espera da morte.

A solidão e o desejo de morrer são vistos, por especialistas, a exemplo de Alexandre Kalache,[24] como a principal causa da morte.

É o que leva a pessoa idosa a uma inércia cada vez maior, ao desinteresse pela vida, a se afastar de seus convites antes irresistíveis, porque seu corpo e sua mente cada vez mais vão se fechando aos sons, aos sabores e aos perfumes, à beleza do mundo, à sensação do sol numa primavera que ficou no passado.

3.4 Os órgãos dos sentidos

Na maravilhosa máquina que é o corpo e a mente do homem, são os movimentos que lhes dão vida. Os movimentos são possíveis porque o corpo humano possui o sistema nervoso, que se integra aos diferentes órgãos e sistemas que o compõem. Tal sistema é formado por células nervosas, pelas quais ocorrem complexas reações químicas e elétricas. Essas reações são responsáveis pela recepção dos estímulos vindos do ambiente que, transformados em impulsos nervosos, são conduzidos aos centros cerebrais, onde são interpretadas e elaboradas as respostas que, novamente como impulsos nervosos, voltam às várias partes do corpo na forma de movimentos.

Nessa capacidade de responder a estímulos, configurando diferentes sistemas neurais que coordenam e integram todas as funções autônomas e voluntárias, é que se produzem as respostas, que vão desde os movimentos reflexos até as inovações e complexos comportamentos emocionais.

Alguns biólogos apontam a sensibilidade química do organismo humano ao ambiente como sendo, talvez, a forma mais primitiva do homem analisar os componentes do meio com a finalidade de obter alimento. Mas essa função oferece respostas mais sensíveis quando realizada por mais de um órgão dos sentidos. O olfato, por exemplo, está intimamente ligado ao paladar na detecção de partículas voláteis que se desprendem dos alimentos longe de sua vista.

Enquanto a gustação detecta e analisa substâncias químicas cujas fontes estão em contato direto com os receptores sensoriais (alimentos na boca sendo mastigados), os receptores olfativos encontram suas fontes à distância. Ambos enviam ao cérebro dados para um retrato mais completo do alimento e sua adequação ao organismo.

Primeiro, o olfato proporciona o conhecimento da distância, da direção para uma determinada fonte de alimento e do nível de irritação que provoca ou não às narinas e pulmões. Em seguida, o paladar permite, com a degustação, reconhecer e analisar o grau de satisfação ou rejeição que o alimento provoca na língua e em outras partes dos órgãos que antecedem a deglutição.

O que se pode ver é que a ordenação orgânica da busca por alimento é a mesma que permite ao homem detectar substâncias que não devem ser ingeridas porque representam perigo a sua saúde e sobrevivência. Esse conhecimento intuitivo, hoje praticamente inexistente, pode ser explicado como uma capacidade ancestral que foi se tornando cada vez mais obsoleta com a evolução cultural das ciências e da tecnologia. São resquícios dessa ancestralidade o conhecimento de tribos indígenas e habitantes antigos de zonas rurais sobre o papel venenoso ou curador e benéfico de ervas e outros produtos da Natureza na conservação da saúde e cura de seus males.

Sabemos que existe um movimento natural de defesa e de aproximação do homem em relação à Natureza, mas ainda não temos provas das origens dessas habilidades nem comprovação da possibilidade de serem elas restituídas por meio de mudanças de hábitos de vida ou de novas tecnologias.

Como observa Culclassure,[25] as partes do corpo humano que colocam o homem em contato com o ambiente que o rodeia, o mundo em que todos nós vivemos e o Universo que conhecemos são os Órgãos dos Sentidos. Eles são as portas do homem para a vida por permitirem a sua conexão mental e a física com o exterior.

De acordo com os estímulos externos que o corpo e a mente são capazes de perceber, os órgãos receptores que compõem o sistema nervoso para cada aspecto do mundo podem ser classificados em:

a. Fotorreceptores: captam estímulos luminosos (imagens e luz).

b. Mecanorreceptores: captam estímulos de som. Nesse caso, podem ser denominados também Fonorreceptores (movimento e pressão do ar).

c. Quimiorreceptores: captam estímulos químicos (sabores, odores e texturas).

Cada mudança no ambiente estimula uma parte do corpo humano que está equipada para captá-la, produzir o impulso nervoso capaz de levá-la ao cérebro para ser reconhecida e produzir a resposta sob a forma de movimento.

O homem tem basicamente cinco órgãos dos sentidos que podem ser pensados como "Portas para o Mundo" porque nos colocam em contato com o mundo em que vivemos. São eles: Visão, Audição, Paladar, Olfato e Tato.

Podem ser definidos e analisados como se segue:

3.4.1 Visão

É o sentido que responde pela captação de estímulos luminosos e a percepção de imagens. O órgão encarregado de receber esses estímulos é o da Visão, formado por dois olhos, um em cada lado da face.

O olho tem células fotossensíveis na retina. São células Fotorreceptoras chamadas cones e bastonetes.

- Os Bastonetes são células sensoriais extremamente sensíveis à luz, capazes de captar imagens mesmo com pouca luminosidade. Mas são incapazes de distinguir cores. Predominam nos animais vertebrados com hábitos noturnos. Os bastonetes existem no olho, em quantidade bem maior do que os cones.

- Os Cones, embora sejam células sensoriais, são menos sensíveis à luz do que os bastonetes, mas conseguem captar os diferentes comprimentos de ondas luminosas, o que lhes permite a visão a cores. Em cada olho há cerca de 6 milhões de cones contra 120 milhões de bastonetes. A maioria dos cones fica concentrada na Fóvea, região do olho onde se formam as imagens com maior nitidez. Como na fóvea não há concentração de bastonetes, na penumbra enxergamos melhor com o canto dos olhos.

Dos órgãos dos sentidos, podemos dizer que é a Visão o que mais interage nas relações de convívio do homem com o ambiente e com a sociedade. A ela compete a capacidade de integrar, por meio de interpretações mentais denominadas sensações, os significados das respostas de cada um dos sentidos a uma dada situação no processo do conhecimento. Por exemplo, à imagem de um pássaro estão ligados seus atributos captados pelos demais sentidos, como seu canto, suas formas, suas cores, a maciez de sua plumagem etc. Do mesmo modo, a visão de uma fruta traz a sensação de seu gosto, seu odor, seu tamanho, sua forma, sua cor etc.

A cada imagem vêm sempre atreladas respostas que chegam ao cérebro por meio de impulsos nervosos que os demais sentidos mantêm ligados a ela na memória. Por isso é tão importante o funcionamento dos órgãos dos sentidos e a memória para a pessoa idosa. É a memória que, por intermédio dos sentidos, mantém abertas as portas do mundo para a continuidade do conhecimento na velhice.

Com o avanço da idade, devido ao desgaste contínuo do uso sem reposição suficiente das células nervosas receptoras das imagens e luz, a visão enfraquece e o homem vai perdendo sua capacidade de interagir com mundo, pois ele depende das condições funcionais de seus olhos para entrar em contato com as formas, as cores, as posições, as dimensões e as distâncias entre ele e as coisas e pessoas que povoam os ambientes com os quais ele nasce capacitado para entrar em contato.

A perda da funcionalidade do órgão da visão não somente impede respostas ativas de sua mente aos estímulos externos para a evolução de seus conhecimentos e práticas, como tornam mais vulneráveis seu corpo e sua mente aos perigos físicos e mentais contidos no ambiente. Por exemplo, o perigo de uma pessoa idosa com perda significativa de visão, que esqueceu seus óculos em casa, para atravessar uma rua movimentada – ler os sinais do semáforo, confirmar a direção do fluxo dos veículos, os degraus ou rampas para descer da calçada ao meio-fio e dele subir para a outra calçada etc., torna-se um duelo de vida ou morte. Para finalizar, na maioria das vezes não conseguirá dimensionar se haverá tempo suficiente para atravessar a rua.

Essa é uma das muitas situações do convívio social que sem uma visão funcional vai sendo suprimida da vida da pessoa idosa. Mas há várias outras, como ler um bom livro, assistir a vida pelas mídias e jornais ou acompanhar as expressões de pessoas quando com ela falam.

Enfim, a visão é um dos órgãos mais necessários à qualidade de vida da pessoa idosa.

3.4.2 Audição

O sentido da Audição complementa com uma nova dimensão o significado das imagens que a Visão permite ao homem receber do mundo.

É bom lembrar que as células mecanorreceptoras que compõem esse órgão podem ser caracterizadas como Fonorreceptoras.

O aparelho auditivo é constituído pelas Orelhas: Externa, Média e Interna.

- A Orelha Externa: é formada pelo Pavilhão e pelo Canal Auditivo. São os responsáveis pela captação dos sons que vêm do exterior e sua transmissão para o tímpano.

- A Orelha Média: é formada pelo Tímpano, que é constituído por três ossinhos: bigorna, martelo e estribo. Eles recebem as vibrações sonoras do canal auditivo e as transmitem para a janela oval que, ao vibrar, cria pressão no interior da cóclea.

- A Orelha Interna: é formada pelos Canais Semicirculares, Vestíbulo e Cóclea. Esta última é uma câmara com forma de caracol, cheia de líquido, que sofre pressão das vibrações vindas da janela oval da orelha média. Essa pressão gera um impulso nervoso, que é levado pelo Nervo Auditivo para o lobo temporal do cérebro. No cérebro o som é percebido e interpretado, produzindo uma resposta em forma de movimento.

Não se pode esquecer que o enfraquecimento da audição é um dos primeiros sinais que dão ao homem a percepção do seu envelhecimento e é o que registra o maior impacto da evolução da sua idade cronológica.

São os sons que se ligam às imagens para produzirem emoções e despertarem memórias que reconstroem histórias de vida. Os sons podem ser bons e fazer bem. Por exemplo, a música, especialmente quando está ligada à memória de bons eventos. Mas os sons também podem fazer mal quando produzidos por discussões e ofensas, assim como podem produzir medos, humilhações e maus-tratos.

A crescente perda da audição da pessoa idosa não constitui um simples processo de ausência de ruído. É bem mais complexo e, a meu ver, um campo que merece muitos estudos. A disfunção auditiva está intimamente ligada à do estado emocional de quem ouve na sua relação com quem fala, especialmente no envelhecimento. Talvez por conta disso a pessoa idosa não ouça mal apenas devido à altura (ou volume) do som, mas principalmente pela articulação (dicção) das palavras.

Os ouvidos do homem estão afinados para uma gama infinitamente pequena dos ruídos do Universo. Se nesse tudo se move e se todo deslocamento da matéria em movimento produz um som, os sons produzidos pelos movimentos ao nosso redor são infinitamente variados e complexos, dos quais uma infinitésima parte é captada pelos ouvidos humanos.

Mas o homem também tem outro sentido que auxilia a percepção do movimento e som: o tato. Tudo que se move produz um som e uma vibração. Todos os indivíduos podem ouvir sons e, por meio de sensações táteis, sentir as vibrações que produz em seu corpo. Assim, pelo tato ele pode ouvir o funcionamento de seu corpo.

Essa capacidade sensorial de som e movimento é o que permite ao homem identificar tanto sua direção e sua localização como, muitas vezes, a sua causa ou origem. Antigamente todo médico que se prezasse carregava em sua maleta vários instrumentos para consultas em domicílio. Um deles – e o mais utilizado – era o estetoscópio. Esse, assim como o próprio ouvido do doutor, era encostado às várias partes do corpo do paciente para ouvir e avaliar pelo som e/ou vibrações o seu funcionamento. Além disso, as mãos, ao apalparem as regiões dos incômodos, também podiam indicar, pelo tato, a presença de edemas, inflamações ou fluídos e ruídos de males existentes ou ausentes. Hoje, equipamentos e instrumentos tecnológicos sofisticados substituem com maior precisão a função dos sentidos e da sua necessidade na profissionalização dos médicos, especialmente do clínico geral.

Isso mostra que o homem pode e deve aprender a "ouvir" seu corpo; identificar por som e vibração os movimentos que ocorrem dentro e na superfície de sua pele. Por exemplo, sentir quando seus intestinos estão com alguma disfunção, seja ela o resultado de uma digestão difícil ou uma patologia mais ou menos grave. Pode, ainda, ouvir e sentir pelo tato seu batimento cardíaco.

Algumas pessoas são mais sensíveis do que outras para perceberem as funções e as disfunções que ocorrem em seus corpos. Outras somente sentem que não estão bem quando surgem sintomas mais aparentes de alguma patologia, como febres, dores e inchaços.

Além dos aspectos físicos e fisiológicos das funções e disfunções orgânicas do ser humano, alterações na saúde mental, embora mais dificilmente, também podem ser percebidas e interpretadas pelo indivíduo. A complexidade da mente humana, tanto em razão dos aspectos quanto das quantidades e variedade das experiências vividas, torna difícil caracterizar reações intelectuais, emoções e sentimentos em sua trama de interdependências e consequências no comportamento do homem em sociedade e no mundo.

Aparentemente há uma relação de interdependência entre o crescimento da capacidade e a complexidade do comportamento físico e mental de cada ser humano e a sua idade cronológica. Com base nessa hipótese, certos estudiosos afirmam que o período de maior produtividade do homem ocorre entre os 50 e 70 anos.

Um extenso estudo nos Estados Unidos descobriu que a etapa mais produtiva do ser humano é entre 60 e 70 anos, enquanto outro mostrou que está entre 70 e 80 anos, e um terceiro estudo encontrou essa etapa entre 50 e 60 anos.

Verificou-se, também, que a idade média dos vencedores do Nobel Prize é de 62 anos; a idade média dos presidentes das empresas com maior destaque no mundo é de 63 anos; a idade média dos pastores das cem maiores igrejas dos EUA é de 71 anos; e a idade média dos papas é de 76 anos.

No entanto, considerando os valores sociais tradicionais, aos primeiros sinais de envelhecimento, em média a partir dos 60 anos, o trabalhador é declarado inapto como cidadão produtivo na sociedade e aposentado.

Realmente, dessa idade em diante é normal que a maioria das pessoas comecem lentamente a perder as suas capacidades, habilidades e destrezas mentais e físicas. As primeiras funções afetadas são a audição, a visão e a memória, e das três, a audição é a que mais parece afetar a saúde e a qualidade de vida da pessoa idosa. Alguns estudos deveriam abranger as relações entre a funcionalidade dos órgãos dos sentidos — especialmente da audição e da visão — e a capacidade para o trabalho produtivo em indivíduos da população idosa.

O processo disfuncional da audição começa quase imperceptivelmente para a pessoa idosa porque é muito fácil atribuir a dificuldade para ouvir bem o que uma pessoa diz ao fato de ela falar muito baixo. Portanto é muito frequente ouvir, num diálogo, alguém reclamar: "Fale mais alto. Você tem a mania de falar para dentro, não está dando para ouvir", ou então, numa palestra: "Esta sala tem péssima acústica. Não é possível ouvir o que ele/a está falando".

Então aos poucos, pela repetição, vai ficando claro que o não ouvir é um problema interno de surdez e não externo, do outro ou do ambiente.

Chega um momento em que o processo da perda da audição não pode mais ser disfarçado: a dificuldade para ouvir não decorre somente da baixa intensidade dos sons emitidos, mas de relações entre certas características desses sons e a funcionalidade do órgão auditivo de quem ouve. Por exemplo, as vogais são percebidas mais claramente do que conjuntos de consoantes.

Esse fato leva a um entrelaçamento dos sons, de modo que algumas consoantes parecem desaparecer entre as vogais predominantes, e esses conjuntos são ouvidos como de outras palavras. Além disso, com o esforço para decodificar os sons, um tipo de surdez emocional começa a agir, impedindo cada vez mais uma audição clara das palavras, enquanto a interpretação de frases mal-ouvidas ocasiona risos, sarcasmos e piadas. A pessoa idosa se sente humilhada, o que afeta sua autoestima e sua autoidentidade.

De início ela se defende da culpa dizendo que o interlocutor tem péssima pronúncia. Ela também pode pedir para o outro falar cada vez mais alto, até ele gritar, às vezes próximo ao ouvido da pessoa idosa, que argumenta: "Não precisa gritar. Não sou surda!". Realmente, ela não é apenas surda. Ela ouve alto um som deformado devido a uma disfunção auditiva de surdez diferente de uma simples ausência ou enfraquecimento do sentido da audição de quem ouve.

O desgaste emocional de precisar pedir constantemente que repitam frases e palavras, interrompendo conversas e explanações, vai afastando a pessoa idosa da participação social, do convívio familiar e com os amigos, conduzindo-a ao ostracismo. Esse processo tem início de ambos os lados: da pessoa idosa, que, pela dificuldade crescente de ouvir e entender, vai se desinteressando de participar de fatos, problemas e acontecimentos para não se colocar numa posição vulnerável e humilhante; e da família, que vai se esquecendo da presença da pessoa idosa, cada vez mentalmente mais ausente.

Os familiares e amigos começam a ignorá-la, achando que não é bom envolvê-la em assuntos pelos quais não tem mais interesse e que, em razão de seu estado senil, nem tem mais condições de discutir. E é terrível para o orgulho e o amor-próprio da pessoa em idade avançada tentar fazer uma pergunta, não receber resposta e ao levantar os olhos, perceber os olhares cúmplices de ironia ou de pena trocados entre seus familiares.

Esse é o processo mais triste e sofrido, que transforma uma pessoa com uma bela história de vida em um peso na vida de outros. O uso de aparelhos auditivos, que aparentemente são uma solução tal como até certo ponto são os óculos para a visão, de início já apresenta dois grandes problemas. O primeiro é o de que não funcionam como se espera. A sua adequação a cada tipo de disfunção individual exige tempo e muita paciência. Apenas alguns poucos conseguem acostumar-se a usá-los com sucesso.

Em segundo lugar, tais aparelhos estão ao alcance econômico de poucos porque são acessórios tecnológicos complexos, delicados e caríssimos.

Mas a importância da audição para a saúde geral das pessoas idosas e o que significa para a qualidade de sua vida e sua longevidade justificam esforços dos estudiosos para buscar na tecnologia, na biologia e na medicina, soluções para as disfunções físicas e fisiológicas do órgão do sentido auditivo.

Do mesmo modo, as ciências humanas, como a psicologia, a sociologia e a pedagogia, numa abordagem interdisciplinar e holística das disfunções auditivas que surgem com o envelhecimento, podem pesquisar os meios de integrar a pessoa idosa ao convívio participativo e funcional da sociedade.

3.4.3 Paladar

Do mesmo modo que a audição, o paladar apresenta uma forte interligação com outros órgãos dos sentidos, principalmente o olfato e a visão.

O sentido do paladar (do gosto), assim como o do olfato (do cheiro), são Quimiorreceptores, isto é, captam estímulos químicos como sabores, odores e texturas.

A expressão popular "comer com os olhos" é muito frequente e seu significado tem uma grande importância socioeducacional na formação de hábitos alimentares que irão determinar a saúde e a qualidade de vida do indivíduo, sobretudo no final da vida adulta.

O modo como a mãe apresenta um alimento pela primeira vez ao seu filho, suas cores, seu odor, os ruídos que ela faz estalando com a língua e o tom das palavras suaves que o incentivam à aproximação, tudo isso forma um conjunto prazeroso, que leva a criança a aproximar a boca do alimento. É o início da formação de um bom hábito alimentar, ser for um alimento saudável, ou o início de um péssimo hábito, se for, por exemplo, um sorvete ou um potinho de doce industrializado.

Para que a refeição seja um ato completo de alimentação do corpo e da mente, realizando o objetivo de proporcionar saúde e bem-estar, é preciso que o homem execute um complexo ritual a ser aprendido, porque ele não é somente um animal, mas é também racional e social.

Assim, o paladar, além de ser um dos mais importantes órgãos dos sentidos, realiza sua função nutritiva pela formação de um conjunto de hábitos alimentares oriundos do ambiente, da família e da sociedade. São eles a natureza dos produtos alimentares característicos da ecologia regional, os hábitos familiares tradicionais, os exemplos de amigos e as condições socioeconômicas da família.

É possível afirmar que a capacidade de perceber e selecionar os alimentos por seus sabores, até o momento não pode ser considerada apenas inata, mas principalmente aprendida.

Mas quais estudos já realizados foram suficientes para determinar e identificar as reações que, sendo inatas, permitem ao paladar a percepção e a seleção dos alimentos? O que podemos observar e estudar são as reações de aproximação ou de afastamento das crianças à oferta de alguns produtos da Natureza, cujas características químicas são percebidas pelos estímulos sensoriais olfativos como benéficas ou perigosas ao organismo.

Por exemplo, se colocarmos na língua da criança um alimento com muito sal, pimenta, limão, muito quente ou gelado, ela reagirá negativamente, com movimentos de afastamento, e gritará. Mas essa mesma criança poderá aprender e, ao crescer, habituar-se a ingerir e apreciar alimentos salgados, gelados, apimentados, ardidos, quentes, bebidas alcoólicas etc., e saboreá-los com prazer quando adulta, mesmo tendo a consciência de que lhe possa fazer mal, solapar sua saúde e impedir que tenha uma velhice com qualidade de vida.

Assim, a formação do paladar de início teria por função responder, com o auxílio dos demais órgãos dos sentidos, às necessidades orgânicas por meio uma resposta seletiva de aproximação ou de afastamento dos produtos da Natureza. Entretanto, no decorrer da vida a alimentação passa a ser um conjunto de experiências palatáveis que respondem a desafios de sabores e, por fim, sedimentam-se como hábitos mais ou menos sofisticados para acompanhar os convívios familiar e social. Daí a afirmação de que, além dos sentidos que promovem e acompanham as refeições do homem, certos fatores não sensoriais também afetam a rejeição ou a aceitação e o prazer que cada alimento pode produzir ao paladar.

Mariana Koppmann[26] observa que hoje estão sendo feitos muitos experimentos que visam elucidar como e por que ocorrem essas teias de interações dos sentidos com fatores não sensoriais do ambiente.

Em geral, os biólogos olham a sensibilidade química como talvez a forma mais primitiva de analisar o ambiente com a finalidade de encontrar fontes de alimento.

Em primeiro lugar com o olfato, para a detecção de partículas voláteis que podem indicar a distância e a direção de possíveis fontes de alimento. Em seguida, com a gustação irá detectar e analisar substâncias químicas cujas fontes estão em contato direto com os receptores sensoriais do sentido gustativo.

Mas também podemos ver nessa mesma função a busca de uma resposta inversa, ou seja, a de detectar pelo olfato e depois pelo gosto ou sabor uma fonte de substância não alimentar como um perigo para a saúde e para a vida que deve ser evitada. Por exemplo, detectar o mau cheiro e o mau gosto dos produtos da Natureza não consumidos, após o amadurecimento ou os restos deteriorados do corpo de um animal. Seria a incorporação atávica da detecção de fontes de vida ou de morte destinada à sobrevivência da espécie pelo olfato e pelo paladar.

A gustação aciona um mecanismo sensorial complexo, resultado da interação entre a percepção de diferentes sentidos: gosto, aroma, consistência, temperatura, aparência do alimento. O paladar é, portanto, um sentido complexo que vai além da percepção em um processo sensorial isolado. Começa com os receptores gustativos densamente agrupados na língua, mas também presentes no palato, na faringe, na epiglote e na parte superior do esôfago.

Na língua estão agrupados nas papilas gustatórias, distribuídas por toda sua parte dorsal. No processo de gustação, os receptores captam o estímulo químico e o impulso nervoso o conduz até o córtex cerebral, no qual é interpretado para determinar em resposta um movimento de aceitação ou de rejeição.

Até pouco tempo os estudos registravam no paladar apenas a presença de quatro sabores: doce, salgado, amargo e azedo. Mas pesquisas sobre a fisiologia do gosto começaram a avançar a partir do final dos anos 90. O quinto gosto, o "umami", identificado por cientistas japoneses há um século, só recentemente passou a ser universalmente aceito após pesquisas encontrarem na língua humana receptores específicos para essa substância. O "umami" define o gosto do glutamato. O glutamato monossódico, conhecido comercialmente por "aji-no-moto",[27] tornou-se famoso e muito utilizado como tempero na culinária oriental. Alguns pesquisadores defendem a existência de muitos outros gostos.

Durante o processo de gustação, os receptores gustatórios são ativados de diferentes maneiras, o que permite reconhecer os vários tipos de alimentos. Embora, para o alimento ser reconhecido o sentido do paladar deve estar funcionando, para ser saboroso um alimento deve ter partículas voláteis que espalhem o aroma pelas vias olfativas. É o aroma dos alimentos, assim como muitas vezes a sua memória e a de sua imagem, que estimulam, antes mesmo da ingestão, a produção da saliva necessária à mastigação e à deglutição dos alimentos.

Com a ausência de aroma, um alimento perde muito de seu sabor. Por exemplo, o chuchu não tem aroma nem gosto. Numa refeição ele assume o paladar do alimento que o estiver complementando. Por outro lado, alguns alimentos, como certos peixes e frutos do mar, como o camarão, por seu forte aroma assumem o gosto de quase todos os alimentos que o acompanhem numa refeição.

A perda do paladar pode estar relacionada a lesões, processos neoplásicos e uso de determinados medicamentos. Além disso, aparentemente as papilas gustatórias começam a atrofiar com a idade, acompanhando o processo normal do envelhecimento.

Poucos estudos e pesquisas têm sido realizadas nessa área do organismo humano tão importante à saúde e ao bem-estar.

Recentemente, na pandemia causada pela covid-19, todas as fontes de informação, assim como médicos e especialistas, concordaram com a perda do olfato e do paladar como sintoma de contágio. Segundo dados divulgados pela mídia em 25 de setembro de 2020, 80% dos infectados sofreram perda de olfato e paladar. Em todos os casos de cura da virose, esses sentidos são recuperados naturalmente após algum tempo. Outros fatores associados à perda desses dois sentidos são: gripes, resfriados e pólipo nasal.

Uma pesquisa começada em 2012 num programa de graduação está sendo desenvolvida pela nutricionista Flávia Moreno Duarte[28] em pacientes com a Doença de Parkinson. O objetivo é verificar a influência dessa doença na perda do odor de alimentos industrializados e a recuperação do paladar com alteração no preparo dos alimentos básicos. A hipótese é que a partir do conhecimento das disfunções olfativa e gustativa, as dietas podem ser modificadas mediante preparações culinárias para intensificar o gosto de alimentos cuja sensibilidade está baixa. Os resultados desse estudo também podem ajudar as pessoas idosas na adesão a dietas especiais com mudanças introduzidas no preparo dos alimentos.

A perda das capacidades gustativas e olfativas quanto mais envelhecidas forem as pessoas, constitui um grande risco para a saúde e para sua qualidade de vida pelas seguintes razões:

1. Pode representar um risco para detectar substâncias nocivas à saúde.

2. Pode induzir à perda do apetite com sérias consequências para a saúde e para o bem-estar.

3. Pode impedir o conhecimento das verdadeiras causas dessas disfunções quando disfarçadas por fatores como: antigos hábitos alimentares, diferentes patologias ou problemas emocionais e/ou fisiológicos normais decorrentes da idade e que por isso devem ser aceitos e tolerados.

3.4.4 Olfato

O Olfato é o órgão do sentido que capta as partículas que estão presentes no ar, carregadas com substâncias que provocam na mente humana sensações denominadas de odores ou cheiros. Alguns autores estimam que o ser humano é capaz de diferenciar cerca de 10 mil odores.

O órgão responsável pelo olfato é o nariz e as células Quimiorreceptoras responsáveis por captar as partículas. Elas estão localizadas no alto da cavidade nasal. A região onde está localizada é denominada epitélio olfatório.

O cheiro acompanha a vida humana — assim como acontece com todos os mamíferos — desde o leite materno. Como defesa contra perigos, a capacidade olfatória é muito mais intensa nas demais espécies do que na humana.

O sentido do olfato está intimamente ligado ao paladar e auxilia a perceber a diferença entre sabores. Para a maioria das espécies animais é uma garantia de sobrevivência, pois avisa de perigos nos ambientes. Para o homem é um sinal de cultura, quase um divisor de classe econômica, junto ao paladar.

De modo geral, as sensações decorrentes dos odores se dividem em agradáveis e desagradáveis e se ligam a movimentos de aproximação (necessidade, satisfação) ou de afastamento (repulsa, fuga).

Pesquisadores demonstraram que o olfato pode variar segundo a história de vida de uma pessoa: "O ambiente no qual o indivíduo vive e se desenvolve contribui substancialmente para modular o número de células capazes de identificar cada cheiro", observou Bohem[29] em entrevista para a Rádio Mais, em Curitiba. Também pode ocorrer disfunção do órgão do olfato por algum acidente que afete a região das células olfativas.

Gustavo Murta,[30] renomado otorrinolaringologista, explica que a perda do olfato pode ocorrer em três situações ou numa combinação delas:

a. Quando há lesão do epitélio olfatório.

b. Quando existe um bloqueio na passagem do ar em direção ao epitélio olfatório (como na rinossinusite crônica, por exemplo).

c. Quando há alterações na interpretação ou no processamento do estímulo olfatório no Sistema Nervoso Central, como no caso de doenças neurológicas, a exemplo do Parkinson e do Alzheimer.

O autor aponta também os riscos à saúde decorrentes de dois tipos de perda do olfato: a Hiposmia, causada por gripe, resfriado ou crise alérgica; e a Anosmia, em casos pós-traumáticos de longa data ou de fragilização por idade avançada.

Além desses dois tipos, um indivíduo com perda de olfato pode apresentar distorções da sensação olfatória. Parosmia é o nome para a sensação distorcida do olfato. Por exemplo, confundir o cheiro de pipoca com o de borracha queimada.

As várias causas para esses problemas precisam ser avaliadas por intermédio de exames físicos (anamnese) e complementares (com equipamentos e instrumentos).

Além de ser um sentido de fundamental importância para complementar o paladar (perceber e diferenciar os sabores), o olfato constitui um órgão de proteção à saúde e à vida. Ele permite, por exemplo, perceber o cheiro de gases e de substâncias tóxicas pela deterioração de algum alimento ou substância queimando no fogão, da fumaça em um início de incêndio etc.

Hoje, os resultados dos estudos sobre o olfato evidenciam, no conjunto dos demais órgãos dos sentidos, a sua incontestável importância para a saúde e para a qualidade da vida do homem em todas as idades, em especial na fase do envelhecimento.

3.4.5 Tato

O principal órgão responsável pelo tato é a Pele, considerada o maior órgão do corpo humano. É a sensação do Toque que permite ao homem perceber tudo que entra em contato com o seu corpo. As células que captam estímulos táteis são os variados Mecanorreceptores, distribuídos na pele, nas mucosas e em algumas vísceras.

Entretanto, embora o toque seja percebido quando um estímulo entra em contato com quaisquer partes do corpo, a sensação que ele desperta se diferencia em intensidade e natureza de acordo com a relação entre fatores psicológicos, físicos e fisiológicos do indivíduo, além de fatores externos do ambiente. É a interação entre esses fatores que define um toque como agradável ou desagradável. Assim, um toque de carinho é suave, lento e agradável, enquanto a agressão produz um toque violento, intenso, rápido e desagradável.

Podemos dizer que no sentido do tato, o toque é o maior receptáculo de sensações do corpo humano. Na imensa variedade de combinações dos toques que compõem as sensações decorre a riqueza das emoções que dão sentido às experiências de cada indivíduo no mundo.

Como os demais órgãos dos sentidos, o tato é uma das sentinelas que defendem o corpo e a mente dos perigos à vida e para sua qualidade. Como parte do organismo humano, é também no cérebro que ocorre a interpretação dos impulsos nervosos trazidos pelos órgãos receptores do tato. Na teia das conexões entre as várias interpretações mentais dos diferentes impulsos sensoriais são escritas a vida cultural e emocional do homem e a memória fixa a sua história. Daí a imensa importância de cada um dos sentidos, notadamente do tato, para a vida humana em todas as idades, especialmente na velhice.

Com o envelhecimento, a proximidade e o toque significam alegria e bem-estar para um corpo e mente cansados. A pessoa idosa recebe vida quando sente uma mão carinhosa em seu ombro, o tomar da sua mão para ajudá-la a subir um degrau ou quando recebe um beijo na face. O tato é uma linguagem muda, que por intermédio do toque físico e da interpretação da mente "fala" com o corpo todo levando alegria, fé, compreensão e emoções.

Por meio dele todos os demais sentidos participam de respostas/movimentos. O toque faz o corpo vibrar e aquecer, transforma-se em música para os ouvidos, torna-se um perfume e devolve o gosto pela vida, que se torna iluminada e cor-de-rosa. Finalmente, o tato permite ao homem perceber o tamanho, a forma e a textura do que ele toca, sentir no corpo as diferenças do clima, conhecer os perigos no ambiente, como o calor extremo do sol e a neve, e que ambos queimam a pele desprotegida.

A pele é composta de duas camadas unidas entre si: a Epiderme, que é a camada externa, e a Derme, que é interior.[31]

As células da Epiderme se formam no interior e se movem para o exterior tornando-se achatadas. Ao chegarem à camada superficial, elas estão mortas e em grande parte transformadas em queratina. Essa camada de células mortas é eliminada periodicamente.

A Derme é constituída de tecido conjuntivo, vasos sanguíneos e linfáticos, terminações nervosas e fibras musculares lisas. É uma camada de espessura variável, cuja superfície é irregular, com a presença de saliências (papilas dérmicas), inseridas nas reentrâncias da Epiderme.

A pele tem, ainda, várias glândulas exócrinas, secretando seus produtos para a superfície da Epiderme. Podem secretar continuamente, periodicamente ou apenas uma vez. Essas glândulas podem ser encontradas agrupadas, sozinhas ou ramificadas. Há também vários tipos de substâncias que podem ser secretadas; as de veneno secretam toxinas, as sebáceas secretam óleo, as ceruminosas secretam cera, as mamárias secretam leite, as odoríferas secretam substâncias de odor e as mucosas, o muco.

Toda a superfície da pele é coberta por terminações nervosas responsáveis por captar as sensações e transmiti-las aos nervos. No entanto a maior parte dessas terminações capta sensações específicas:

- Receptores de Meisner: sensibilidade a toques leves.
- Discos de Merkel: sensibilidade tátil e de pressão.
- Receptores de Krause: receptores térmicos de frio.
- Receptores de Ruffini: receptores térmicos de calor.
- Receptores de Vater Pacini: captam estímulos vibratórios.
- Terminação nervosa livre: sensibilidade a estímulos mecânicos, térmicos e dolorosos.

Ao receber as sensações, os receptores transmitem as informações ao cérebro, que os interpreta e fornece as percepções de textura, temperatura ou dor. Conforme o local onde estão os estímulos captados, os receptores sensoriais podem ser classificados em três tipos básicos:

- Exteroceptores: são os receptores que captam estímulos provenientes do ambiente. Por exemplo: luz, calor, sons e pressão.
- Proprioceptores: são os receptores que captam estímulos provenientes de movimentos automáticos e voluntários do interior do corpo. São encontrados nos músculos, nos tendões, nas articulações e nos órgãos internos.

- Interceptores: são receptores que captam as condições do funcionamento interno do corpo. Por exemplo, grau de acidez, pressão osmótica, temperatura, composição química do sangue, entre outras.

Enfim, os receptores táteis são os responsáveis por garantir que certos estímulos sejam recebidos e transmitidos até o sistema nervoso central.

É possível e pertinente levar à pessoa idosa a oportunidade de conhecer não só o mundo, mas a si própria, a fim de se preparar para uma nova faixa etária, uma quarta etapa da vida: a velhice ativa. Para isso é preciso educar bem seus sentidos, abrir as portas a novos conhecimentos, fazer perguntas e ter condições de encontrar boas respostas.

Os órgãos dos sentidos são as portas para o mundo por onde transitam as habilidades com as quais o homem nasceu, assim como aquelas que aprenderá ao longo da sua existência. Ele levará para a velhice como um capital acumulado no decorrer dos anos, a memória das conquistas e os erros que marcaram a sua existência.

TEMA 4

CÉREBRO E MENTE

4.1 O Cérebro

Biologicamente podemos dizer que o Cérebro pode ser considerado o órgão mais importante do Corpo Humano porque a qualidade de seu funcionamento é que garante o equilíbrio de todos os órgãos e funções do corpo.

Isso equivale a dizer que ele pode ser considerado o guardião do maior tesouro que até o momento coloca a espécie humana acima e além de todas as espécies vivas conhecidas do planeta Terra: a Mente.

O cérebro fica situado dentro de uma caixa óssea, a craniana, na qual ficam também protegidos quatro dos cinco órgãos dos sentidos: a visão, a audição, o paladar e o olfato, portanto os olhos, os ouvidos, a boca e o nariz, respectivamente. Essa caixa óssea — o crânio — é formada por um conjunto de ossos colados uns ao lado dos outros, com espaços para os órgãos dos sentidos citados.

Passando uma linha vertical do centro da testa ao centro do queixo, veremos que o crânio é formado por duas metades denominadas hemisférios — o da direita e o da esquerda —, exatamente iguais, mas não idênticas.

Em 1981, estudos realizados por Roger Sperry[32] sobre o funcionamento do cérebro lhe valeram o prêmio Nobel de Medicina ao propor a divisão cerebral em dois hemisférios com diferentes funções.

Como parte do sistema nervoso, o cérebro se apresenta como dois hemisférios, o direito e o esquerdo, cada um preenchendo uma das metades do crânio. Os dois hemisférios cerebrais se interconectam por uma estrutura formada por um espesso feixe de fibras nervosas denominado Corpo Caloso.

O aspecto do cérebro é o de uma noz constituída por duas substâncias diferentes: uma branca, na região central, e outra cinzenta, da qual se formam o Córtex Cerebral e nele os neurônios.

4.1.1 Funções do Cérebro

O Córtex Cerebral é dividido em áreas denominadas Lobos Cerebrais, cada uma com uma função diferenciada e especializada, assim distribuídas:

- Lobo Frontal – localizado na região da testa.
- Lobo Occipital – na área da nuca.
- Lobos Parietais – na parte superior central da cabeça.
- Lobos Temporais – nas regiões laterais, cada um perto de uma das duas orelhas.

Os Lobos Frontal, Occipital, Parietais e Temporais estão envolvidos na produção de Percepções que resultam das informações que os órgãos dos sentidos trazem sobre as relações do corpo com meio ambiente.

O Lobo Frontal, por incluir o córtex motor, o pré-motor e o pré-frontal está envolvido no planejamento de ações e movimentos, assim como no pensamento abstrato.

4.1.2 Funções dos Hemisférios Cerebrais

De acordo com os estudos de Sperry, o cérebro humano, dividido em dois hemisférios, realiza as seguintes funções: o hemisfério esquerdo é dominante em 98% dos humanos. Ele responde pelo pensamento lógico e pela capacidade de comunicação. O direito cuida do pensamento simbólico e da criatividade. Nos canhotos, as funções dos dois hemisférios estão trocadas.

A conexão entre os dois hemisférios é feita pela fissura inter-hemisférica, em que se localiza um feixe de fibras nervosas, que faz uma ponte para a troca de informações entre as diferentes áreas (lobos) do córtex cerebral.

Em ambos os hemisférios há um córtex motor que controla e coordena os movimentos voluntários. Quando se imagina um movimento sem executá-lo, ou durante a sua aprendizagem, é apenas o córtex pré-motor que fica ativado.

Uma lesão na área pré-motora não chega a causar paralisia ou descoordenação do pensamento para planejar e agir, mas afeta a velocidade dos movimentos automáticos, tornando mais lentos a fala e os gestos.

Importa lembrar que:

- O hemisfério direito se manifesta através da emoção e se expressa apenas por meio das linguagens de expressão: a plástica, como as formas e as cores da Natureza; os sons, como na música e nos movimentos espontâneos do corpo, a exemplo da dança, do choro e do riso; as emoções, que podem se transformar em sentimentos de tristeza ou de alegria.
- O hemisfério esquerdo se manifesta por intermédio do raciocínio lógico e se expressa pela linguagem de comunicação e de movimentos voluntários.

Aproximadamente, de 1800 em diante, múltiplas pesquisas foram feitas sobre as relações entre as funções dos hemisférios cerebrais e as disfunções do comportamento humano. Seus resultados variaram — assim como as teorias existentes — de acordo com as disfunções que os pacientes apresentavam.

Concluiu-se que não há evidências científicas que comprovem a ideia de lados dominantes do cérebro. Pode ser que uma pessoa use mais a lógica ou a criatividade no seu dia a dia e apresente maior capacidade em uma delas, mas isso não significa que um dos lados do seu cérebro seja sempre o mais capacitado para uma ou outra dessas funções. Em qualquer atividade o cérebro sempre trabalha como um todo.

Entretanto é inegável uma relação de gatilho entre a emoção e a criatividade (funções do hemisfério direito) como motivação para o desenvolvimento do pensamento racional e da capacidade intelectual de fazer escolhas e tomar decisões (funções do hemisfério esquerdo).

A atuação dessas duas funções na autorrealização e na autoconfiança de um indivíduo fica mais patente quando, por exemplo, analisamos sua vocação e sua aptidão para uma dada atividade e suas realizações profissionais. Exemplificando: um rapaz que adora futebol, conhece tudo que se refere a esse esporte (vocação), mas que nunca será um ótimo jogador porque lhe faltam as condições físicas necessárias para ser um jogador de ponta (aptidão, capacidade). No entanto ele poderá se sentir realizado sendo um ótimo técnico, capaz de levar seu time a grandes vitórias. Do mesmo modo, um excelente professor de artes plásticas (vocação) não significa que deva necessariamente ser um excelente artista: pintor ou escultor (aptidão). Ele conquistará renome pelo reconhecimento de famosos artistas que foram seus discípulos. Aliás, diz um feliz ditado: "O bom mestre é aquele que consegue ser superado por seus alunos".

A aptidão pode ser adquirida por meio de aprendizagem, enquanto a vocação é uma relação inata de atração entre a mente de um indivíduo e determinada habilidade, que é, em geral, culturalmente valorizada. Quando um indivíduo adquire a aptidão necessária para trabalhar naquilo que gosta, ou seja, na área de sua vocação, terá uma vida com boa qualidade, sem a necessidade de esperar uma aposentadoria para ser feliz, nem forçar um filho a se preparar para uma profissão que ele próprio gostaria, mas não conseguiu realizar.

Entretanto esse importante tipo de relação não é suficientemente estimulado pela família, pelo governo ou pela sociedade. Comumente existe uma pressão socioeconômica e cultural para que os jovens de famílias mais abonadas busquem preparos profissionais nas áreas ligadas a status sociais mais elevados, enquanto os filhos das classes trabalhadoras se preparem para as atividades nas áreas que lhes forneçam remunerações capazes de suprir suas necessidades econômicas de sobrevivência.

Quando se pensa em termos de população global, a sociedade se comporta como se a partir de uma certa idade cronológica toda pessoa se torna velha e um ser humano física e mentalmente incapacitado para usufruir de todos os seus direitos de cidadania.

Os estudos científicos ainda lutam com dúvidas quanto às origens de patologias muito frequentes em pessoas idosas, tais como as doenças de Parkinson e de Alzheimer, que provocam graves degradações mentais no hemisfério esquerdo, apontado como responsável pelo raciocínio e pelo desenvolvimento intelectual.

Por outro lado, o hemisfério direito, dado como responsável pelas emoções, não parece ser enfraquecido pela idade. Ao contrário, as pessoas idosas se tornam mais sensíveis a algumas emoções. Por exemplo as que estão ligadas a fatores negativos do meio em que vivem, como a agressão física ou psicológica, ao desprezo e ao abandono. Mas também podemos observar e analisar respostas emocionais e comportamentais positivas das pessoas idosas ao elogio, ao afeto demonstrado por cuidados, gestos ou palavras.

Até recentemente, os estudos estavam voltados mais para a caracterização das manifestações físicas das patologias mentais do que para suas relações causais. Hoje se observa que frequentemente elas aparecem ligadas a emoções negativas, a fortes episódios de sofrimento, de tristezas e de decepções na vida. Eventos desse tipo funcionam como fatores de disfunções físicas e fisiológicas, tais como anemia, sarcopenia, osteoporose, entre outras, que acentuam o sedentarismo e abrem as portas para as patologias mais graves.

Os raros casos de manifestação positiva das saúdes física e mental da pessoa idosa — quase sempre ligadas à longevidade — são considerados e admirados como exceções cujas misteriosas origens ainda precisam ser mais pesquisadas e mais conhecidas.

O preparo para uma vida longeva com qualidade não deve ser entendido como um processo de cura ou interrupção do envelhecimento. Deve ser visto como resultado do conhecimento de fatores capazes de definir as melhores condições para a evolução plena da vida do ser humano em todas as idades. Podemos dizer que o preparo para a velhice ativa começa com a capacitação dos pais para a educação das futuras pessoas idosas.

4.2 A Mente

Antigamente havia uma crença dualista do ser humano. O homem era visto em duas dimensões: uma física, material, o Corpo e outra imaterial, a Mente. Ainda hoje, muitas pessoas, especialmente as religiosas, como as doutrinas católicas e espiritualistas, olham a mente como o lugar no organismo humano em que é colocada a alma, elemento divino que permite ao homem se comunicar com Deus. Tal conceito está intimamente ligado à religião cuja crença estabelece outra vida após a morte. A crença de que a mente é o lugar em que existe a alma significa acreditar num elemento espiritual doado por Deus ao homem e que revela sua origem divina uma vez que foi criado por Ele à Sua semelhança.

Encontramos estudiosos, como a cientista Candace Pert[33] e o escritor Eckart Tolle,[34] que defendem uma conexão entre mente, corpo e espírito que pode responder pelo bem-estar e pela felicidade do homem.

Em 40 anos de estudos, Izquierdo[35] se aprofundou no conhecimento de outras áreas que se relacionam com as funções da mente e concluiu que crer na existência da Alma seria acreditar na presença de uma entidade abstrata, cuja origem não pode ser detectada nem pode ser tratada por meios terapêuticos. No entanto foi esse tipo de pensamento que por muitos anos conduziu os estudos da mente humana com base na antropologia filosófica e na teocracia.

4.2.1 Funções da Mente: o Processo

Os estudos científicos foram aos poucos desmistificando o conceito de homem = corpo/mente + alma para surgir uma construção mais científica de homem corpo/mente.

A mente, localizada no cérebro, é uma função do corpo e dele depende para se manifestar.

Para os crentes, a relação do homem com seu Criador ou na existência de uma força até hoje cientificamente inexplicável – a alma, o espírito ou a energia – é a manifestação divina na mente que permite ao corpo se purificar. Nesse caso, é pela mente que a alma atua sobre o corpo, em suas experiências de vida revelando e moldando constantemente a personalidade de cada indivíduo.

O mundo é uma eterna arena onde duelam o Bem e o Mal. Daí surge a polêmica que os homens ainda debatem: os conceitos de Mal e Bem na complexidade da dualidade Universal. Por exemplo, o mundo está cheio de pessoas boazinhas que podem se tornar mesquinhas e amarguradas por más circunstâncias da vida, enquanto outras, antes ressentidas e egoístas, podem se tornar alegres e bondosas por terem encontrado boas influências. A função da religião é ensinar a alma a livrar o homem do Mal e a seguir o Bem.

Essa linha de pensamento realça a importância do PROCESSO, de uma atividade que decorre da trama das interações corpo/mente/valores sociais e místicos e que, pela intercessão da alma, promove a construção do comportamento, tanto no âmbito subjetivo quanto no físico, no fisiológico e no social do homem em seu ambiente.

No Oriente, a crença aparece na origem do TAO (O Caminho), primeiro pensamento filosófico em que o Qi — energia divina que o homem recebe do céu pela cabeça (três pontos do cérebro), que desce e se encontra, dentro do organismo humano, com a energia que o homem recebe da Terra pelos pés. O homem, portanto, é o elemento do Universo que promove a integração da energia espiritual com a energia material que recebe da Natureza.

A partir dessa filosofia taoísta oriental (especialmente da Índia e China) se desenvolveram linhagens, tais como o Kung Fu que tornou célebres os monges Shaolin e das quais se originou o Tai Chi Chuan, entre outras, que se difundiram pelo Ocidente. Richard Wilhelmer[36] mostra como, no hexagrama RETORNO, vê-se o caminho do Céu e da Terra.

"Trata-se de um eterno movimento cíclico, no qual a vida ressurge no exato momento em que parece ter sido totalmente vencida. Mas a sua saída não se deu sem deixar rastros; assim como um fruto que cai na terra e deixa seus efeitos".

Hoje, a crença nessa dualidade de energias que formam uma corrente sem começo nem fim, em que um está contido no outro porque ambos decorrem de uma relação de interdependência, explica a existência da vida como uma Corrente Alimentar por meio das espécies e das gerações.

A explicação taoísta das energias do céu e da Terra interligadas no centro do organismo humano, segundo a física moderna, está associada à formação da própria essência da vida como matéria em movimento. Esse pensamento se encontra presente na construção da física quântica. Capra sugere essa relação quando analisa o paralelismo entre a evolução da filosofia oriental e a da física moderna.

4.2.2 Funções da Mente: o Produto

Outros estudiosos, como Michael & W. Eysenck,[37] preocuparam-se em ver na mente a cognição como o produto dos conhecimentos que o homem acumula ao longo da vida. Nesse sentido, a cognição (do verbo latino *cognoscere* ou conhecer) pressupõe a capacidade humana de transformar fatos e eventos do meio – que o cérebro recebe por intermédio dos órgãos dos sentidos — em conhecimentos que são armazenados na mente pela memória. Essa bagagem mental armazenada é aumentada e constantemente acrescida e reconstruída em função de novos conhecimentos que o cérebro recebe do mundo — as inovações.

Assim, a cognição pode ser entendida como o resultado de um conjunto de processos mentais, como memória, raciocínio, linguagem, aprendizagem e julgamento, que fazem parte do desenvolvimento intelectual e do comportamento do ser humano. Tais processos podem ser identificados em dois momentos no contato do homem com seu ambiente de vida:

4.2.2.1 Percepção

A Percepção permite receber, organizar e compreender o mundo por meio dos estímulos recebidos pelos órgãos dos sentidos. Nesse grupo são incluídos alguns processos que, embora também importantes, são menos conhecidos. Eles se tornam mais aparentes quando se enfraquecem com o processo do envelhecimento do ser humano. São eles:

- A Propriocepção: estímulo que permite perceber a posição do corpo no espaço. Determina a orientação espacial e tem relação com o equilíbrio na movimentação do corpo.

Seu enfraquecimento produz desequilíbrio corporal e crescente dificuldade para se orientar em caminhos antes bem conhecidos.

- A Interocepção: estímulo que permite perceber os órgãos do corpo em funcionamento. Possibilita ao indivíduo, por exemplo, sentir certos movimentos no aparelho digestivo quando algum alimento não fez bem, ou quando sente fome ou sede. Com o envelhecimento cresce a dificuldade da pessoa idosa não só em escolher alimentos adequados ao seu organismo, mas como precisa ser lembrada de se alimentar e ingerir líquidos para não ficar anêmica e desidratada.

4.2.2.2 Atenção

A Atenção é a capacidade de concentrar o foco da percepção em um estímulo ou atividade para retê-lo na memória. A Memória é o repositório de tudo que acontece na vida do ser humano e que vai ficando no passado a partir do seu nascimento até a sua morte. E ainda há suposições sobre Memória Celular e Memória Intrauterina.

A memória é muito importante e é frequentemente utilizada no nosso dia a dia. Pode ser considerada um mecanismo regulador e controlador da percepção no processo da aprendizagem. É a atenção que nos indica o grau de importância dos conhecimentos que devemos guardar ou não na memória para estarem mais ou menos presentes nas mais simples até nas mais complexas aprendizagens.

Nas pessoas idosas o enfraquecimento da atenção para guardar instruções e realizar até movimentos automatizados mais comuns, como caminhar, levar um copo com água, tomar banho em pé no box, dependendo da situação de sua mente e do seu corpo, pode causar sérios riscos à saúde e à própria vida.

4.2.3 Funções da Mente: as Relações

Foi só recentemente que se começou a encarar a importância da consideração holística do ser humano como um todo, quebrando a perspectiva dualista das dimensões física e material — o corpo — e outra não física e imaterial — a mente. Hoje podemos aceitar que a cognição é uma ação plural da mente que objetiva o conhecimento e que a Ciência Cognitiva é um estudo interdisciplinar da mente, do organismo e do meio, que engloba várias áreas de estudos, como filosofia, psicologia, neurociência, tecnologia, linguística e antroposofia.

Com isso se abriu um novo campo de estudos, o das relações entre áreas antes consideradas isoladas: a da Função Objetiva Intelectual da mente e a das Emoções, que antes não poderia se envolver com a primeira. Hoje, ambas são tratadas em conjunto, em suas inter-relações, tendo em vista o desenvolvimento do ser humano como um todo, considerado um organismo (mente e corpo) em sua inserção no meio em que vive.

No campo de estudos das relações da mente humana com o seu ambiente de vida, Gerald Kein[38] propõe uma abordagem que denominou de "Modelo da Mente", em que analisa os níveis mentais em que tais relações ocorrem.

Ele analisa as atividades mentais que decorrem dos três níveis da mente: o inconsciente, o subconsciente e o consciente.

4.2.3.1 No nível Inconsciente

No nível inconsciente, observa Kein, a mente é responsável apenas por duas funções:

1. Do Sistema Nervoso Autônomo (SNA), que responde pelo funcionamento dos órgãos vitais, como o batimento cardíaco, a digestão etc., e mantém o nosso corpo em funcionamento harmônico.

2. Do Sistema Imunológico (SI), ao qual cabe manter saudáveis nossos anticorpos, livrando-nos de doenças.

Segundo Freud, o Inconsciente também atua como um mecanismo de proteção à mente. Ele guarda o que é nocivo ao funcionamento equilibrado do corpo e mente do ser humano e o coloca em um lugar de difícil acesso.

Assim, diante de uma violência incontrolável ou de uma humilhação intolerável, a pessoa idosa pode se afastar do convívio humano e se fechar em um mundo sem acesso à realidade.

4.2.3.2 No nível Subconsciente

O nível subconsciente, localizado abaixo da consciência, pode ser acessado com algum esforço. São fatos, eventos, emoções, sentimentos e conhecimentos do passado, mas cujos significados marcaram nossa vida. As lembranças do nível subconsciente podem ser acessadas sempre que uma situação no presente delas precisar. Mas, às vezes, precisamos de alguma lembrança, alguma informação levada por nossos sentidos e guardada no subconsciente, porém não conseguimos trazê-la ao nível da consciência para dela fazermos uso. Por exemplo, quando o nosso raciocínio exige o nome de uma pessoa e não conseguimos lembrá-lo. Temos consciência de que conhecemos muito bem, mas naquele momento está fechado no nível subconsciente e impedido seu acesso pela memória.

É no subconsciente que encontramos uma das funções mais importantes da mente humana: a Memória. Sem ela a vida não teria um sentido de evolução.

A mente seria uma "tábula rasa", um conjunto de eventos sem relações entre si. Portanto sem continuidade nem progresso. É a memória que cria o conceito de tempo, que nos permite pensar em passado, presente e futuro, que constrói a identidade e torna possível à pessoa idosa se reconhecer na criança e no jovem que ela foi. No Nível Subconsciente as memórias desempenham as seguintes funções:

1. A memória de Curto Prazo, que pode ser entendida como a capacidade de reter informações para estarem disponíveis no dia a dia por curto espaço de tempo. Por exemplo, um número de telefone, um endereço, o nome de uma pessoa para anotar ou usar em seguida.

2. A memória de Longo Prazo, em que ficam armazenadas todas as experiências vividas por um indivíduo ao longo de sua vida. Elas são formadas por estímulos fortes e que existirão tanto quanto mais forem repetidas. Por exemplo, chamar costumeiramente uma pessoa idosa de ignorante e esquecida fará com que ela acabe se convencendo, acredite que seja e se comporte como tal. Isso tornará muito

mais difícil motivá-la a se julgar capaz de expressar com coerência suas ideias e se lembrar das respostas corretas às perguntas feitas. Por outro lado, uma pessoa idosa se esforçará por ser mais inteligente e atenta quanto mais tiver em seu subconsciente registros de sucessos e elogios.

3. Os Hábitos: são constituídos pelos conjuntos das memórias de comportamentos sempre repetidos no decorrer de longos prazos, em muitas situações semelhantes, ou na sucessão dos eventos de toda uma vida. Por exemplo, o desconforto e até mesmo o sofrimento provocado pela mudança no hábito de se sentar e de se servir dos alimentos à mesa, exigida a um indivíduo modesto convidado a um jantar em ambiente de luxo. A mudança de um hábito provoca tensão e exige esforço porque começa pela desorganização de hábitos antigos para recomeçar uma nova organização; daí o desconforto e o desagrado até o novo hábito se instalar. Os hábitos são confortáveis e em geral carregam memórias agradáveis, como a volta diária para o lar após o trabalho, a cervejinha com amigos em fins de semana etc. São memórias que se tornam total ou parcialmente automatizadas. Não exigem grande esforço, ou seja, pouca percepção, quase nenhuma atenção e jamais uma análise de situação.

No processo do envelhecimento, o hábito vai se tornando o maior vilão da mente humana porque destrói sorrateiramente a disposição para mudar, substituir velhas memórias e começar novas atitudes perante a vida. O culto ao hábito bloqueia a inovação. Se a pessoa idosa não tiver bons estímulos como desafios, não verá motivos para trocar antigos e desajustados hábitos por outros comportamentos mais adequados (tendo em vista suas condições de vida e saúde) ao convívio com o progresso.

Por outro lado, como efeito do próprio processo do envelhecer, terá que responder a desafios crescentes para manter os bons hábitos, como o de realizar diariamente atividades físicas e mentais — levando em conta suas capacidades —, alimentar-se regularmente, ingerir líquidos para hidratar o organismo, fazer sua higiene diária e assim por diante. É um esforço que o impedirá de se acomodar cada vez mais ao sedentarismo e de ir se esquecendo aos poucos até mesmo a sua condição humana.

No entanto o subconsciente também pode ser uma ferramenta preciosa para influenciar, propor e alcançar objetivos, para reconquistar e recompor realidades. Pesquisas têm mostrado que nosso pensamento é bombardeado diariamente por sensações que influenciam diretamente nossas ideias e ações. O ser humano idoso pode ser um bom parceiro num processo de convivência em que, recorrendo às suas memórias, ele tenha pelo que se interessar, observar, aprender e executar, preservando e estimulando a sua autonomia. É uma parceria de corpo e mente, uma troca em que o pensamento estará direcionado para atitudes positivas. Algumas teorias avançadas já afirmam que nada é impossível para a mente com pensamentos positivos.

4. As Emoções – são estados mentais e físicos com os quais convivemos em todos os momentos da nossa vida. Uma definição geral da Emoção é a de ser um conjunto de respostas químicas e neurais que o cérebro emite quando recebe um forte estímulo do ambiente. Podemos dizer também que a emoção pode ser desencadeada pela memória de um evento do passado que marcou a vida de um indivíduo. Por exemplo: reviver a lembrança da alegria sentida por um cantor quando foi ovacionado pelo público de forma muito intensa; a colação de grau do filho paraplégico; a morte de um parente querido num acidente de carro; a humilhação que uma pessoa idosa sentiu quando foi repreendida pelo filho diante de seus amigos etc.

Memórias agradáveis provocam emoções de alegria que, quando muito intensas, podem fugir ao controle da mente racional, produzindo euforia com perigosa fuga da realidade. Já as lembranças tristes podem se transformar em estados patológicos físicos e mentais, como a tristeza, causar o isolamento e a depressão. Até mesmo o Alzheimer, como indicam vários estudos, apresenta uma ligação com fortes quadros de sofrimentos e tristes emoções anteriores.

As emoções têm muita importância porque constantemente estão ligadas ao dia a dia da vida do homem na busca da adaptação do seu organismo e sua mente à variação de situações e mudanças do meio.

Elas ajudam a encontrar novas respostas a situações extraordinárias. Por exemplo, emoções positivas, como da primeira vez em que uma pessoa é estimulada a entrar numa piscina para aprender a movimentar-se na água; o nascimento do primeiro filho; o choro ao relatar um episódio marcante de uma vida; ou, ainda, a emoção negativa em episódios tristes de frustrações ou de conflitos.

Rodrigo Fonseca,[39] especialista em Inteligência Emocional e presidente da Sociedade Brasileira de Inteligência Emocional (SBie), observa que as energias negativas produzidas por emoções precisam ser retiradas da mente para restabelecer o equilíbrio e corrigir disfunções.

O primeiro passo para isso é confrontar uma emoção negativa trazendo-a ao nível consciente, no qual será submetida à objetividade do raciocínio. Para tanto é preciso conhecer o processo da construção emocional. Segundo Antônio R. Damásio[40] e Joseph E. LeDoux,[41] emoção é um conjunto complexo de ações que geram alterações no corpo. Essas ações são automáticas e coordenadas pelo encéfalo. Abrangem a ativação do sistema endócrino (hormônios), do sistema autônomo (entre outros, batimento cardíaco acelerado) e do sistema musculoesquelético (tensionamento muscular e expressões faciais).

Conseguir desfazer as más consequências de emoções negativas por meio da análise de suas origens e trabalhando-as no nível consciente é o melhor caminho para impedir sua ação destrutiva no corpo e na mente de um ser humano. Por exemplo, desconectar o terror noturno e a fobia por lugares fechados de uma menina que quando criança ficou presa num elevador algum tempo.

Assim como as emoções negativas são elementos mentais destrutivos da saúde e da qualidade de vida, as emoções boas, isto é, positivas, podem ser chamadas de construtivas na medida em que aceleram a evolução da mente e do corpo.

Com o auxílio de princípios e valores sociais, morais e religiosos, muitas emoções colaboram na formação do caráter e da personalidade de uma pessoa pela construção de sentimentos humanitários para viver e conviver com a Natureza, os outros homens e com ela própria.

5. Os Sentimentos são reações mentais e orgânicas da maior complexidade e importância na determinação da qualidade da vida humana. Podemos dizer que mais do que da memória, os rumos de cada vida dependem do repositório dos sentimentos contidos na mente de cada indivíduo.

Embora intimamente relacionados, emoções e sentimentos diferem em suas características e consequências na saúde do ser humano. As emoções são reações involuntárias, passageiras, e podem estar ligadas às memórias. Por exemplo, para você é sempre uma festa visitar uma pessoa porque se lembra da sua gentileza, de seu bom humor e de um favor que ela lhe fez. Essa lembrança traz uma emoção de alegria e o inunda de um sentimento de prazer e de bem-estar cada vez que pensa em ir vê-la e quando conversa com ela.

Portanto essa pessoa está relacionada a você por intermédio de vários tipos de reações físicas, fisiológicas e mentais (seu corpo e mente respondem positivamente à pessoa ou à lembrança dela). Por outro lado, o homem também reage às memórias e às emoções negativas que se repetem, com sentimentos de tristeza, medo, ódio ou violência contra o ser que os provocaram, e às vezes até contra si próprio, com disfunções que afetam sua saúde mental e sua saúde física.

Sentimentos são, pois, reações duradouras decorrentes de emoções fortes, repetidas, ou de cadeias de emoções semelhantes que se repetem na vida de um ser humano. Quanto mais uma ou muitas emoções negativas ou positivas se repetirem, mais profundos e duradouros serão os sentimentos produzidos em consequência dessas emoções.

Um exemplo muito frequente e esclarecedor das mudanças pelas quais passa uma emoção para se transformar em sentimento é a do amor na vida conjugal. Amar talvez seja o aspecto da vida humana que apresenta a maior variedade de reações emocionais. A sua intensidade e a sua variedade merecem ser objetos de mais estudos do que tem sido feito até hoje pela importância do papel que desempenha em todas as etapas da vida humana e pela variedade de formas e consequências com as quais atingem o ser humano, em especial aqueles que estão envelhecendo.

Podemos até afirmar que a vida é feita de amor e ódio em movimento e ambos são um só. O amor só se reconhece porque existe o seu contrário, o ódio, e vice-versa. É o movimento da Vida: a aproximação é a aceitação de um alimento para o corpo, para a mente; o afastamento é a rejeição de um alimento não desejado pelo corpo ou pela mente. Ambos levam à luta, a responder desafios de desejo ou de rejeição.

Aproximadamente, a partir dos 50 anos o ser humano vai começando a sentir na mente e no corpo a redução da sua energia física e emocional. É uma fase de vida subjetiva frequentemente sujeita a disfunções desencadeadas por fatores emocionais e impulsos de se reatar situações saudosistas do passado.

As relações entre os pais e os filhos já adultos, alguns casados e com suas próprias famílias, apoiam-se em novas bases de amor-sentimento: o afeto, a proteção, o respeito pelas memórias do passado e o prazer de fazer com eles planos para um futuro que agora vai ficando cada vez mais próximo.

Após os 60 anos, o casal que estiver vivo, unido e com autonomia e independência, tanto a esposa quanto o marido terão seus melhores anos de vida. O amor que os uniu é indestrutível e tão eterno quanto a duração da vida enquanto um casal. Ambos terão um pelo outro o respeito, a amizade, a ternura e a cumplicidade necessários ao amor-sentimento, aquele que representa a felicidade do ser humano no mundo.

4.2.3.3 No nível Consciente

No nível consciente é que se concentra a maioria dos estudos e pesquisas a respeito da mente humana. É nesse nível que a mente trabalha com seu maior potencial para responder aos desafios que o homem encontra em seu ambiente de vida a partir do seu nascimento.

O ser humano nasce num mundo em que sua mente precisa rapidamente se desenvolver e aprender a obter o alimento de que seu corpo e sua mente necessitam para viver e conviver. Ele nasce com uma capacidade inata para uma aprendizagem que vai evoluindo e se tornando cada vez mais abrangente e sofisticada nas incessantes relações do ser humano com o ambiente, com os outros indivíduos e com ele próprio. Num mundo em constante mudança, as buscas de conhecimento crescem e se tornam cada vez mais frequentes e complexas.

Daí o apelo à tecnologia para responder à urgência que os estudiosos, em todas as áreas do conhecimento, necessitam para pesquisar a natureza, as funções e o papel da mente na produção, na manutenção e na evolução do conhecimento nas diferentes etapas da vida humana.

É a elaboração de uma pedagogia do conhecimento, da ciência, da arte e da técnica do viver. É a busca incessante de seu direito e da possibilidade de viver com qualidade e liberdade até o final da sua vida.

Os estudos até hoje realizados buscam conhecer o comportamento da mente humana no processo de aprendizagem. O objetivo comum é o de estabelecer a reciprocidade entre a identidade dos elementos que compõem uma situação-problema e os elementos que determinam a necessidade. Um exemplo de necessidade: a busca de uma convivência harmônica da pessoa idosa com as que compõem um grupo familiar completo (situação-problema). Elementos para analisar: 1º) conhecer os interesses e as necessidades básicas da criança, do adolescente, do adulto e da pessoa idosa; 2º) analisar os interesses e as necessidades básicas; 3º) definir os interesses e as necessidades básicas comuns a todas as faixas etárias e as características de cada uma; 4º) analisar os ambientes necessários e possíveis; 5º) elaborar um projeto de moradia compartilhada, com ambientes e atividades.

Muitas e variadas soluções têm sido experimentadas, pesquisadas e avaliadas com relação à moradia (entendida como o espaço onde o ser humano realiza rotineiramente suas atividades de vida) para as pessoas idosas e seus familiares, sem ter sido encontrada ainda a solução desejada.

É no Nível Consciente que devem ser feitos os julgamentos, definidas as escolhas e colocados os parâmetros para se reconhecer as características de reciprocidade em cada situação proposta para, assim, manter o equilíbrio e a harmonia nas relações de convívio.

Cabe ao nível mental Consciente, por exemplo, buscar e encontrar as melhores respostas para os problemas decorrentes da necessidade de manter a qualidade de vida em um processo de envelhecimento cada vez mais longo.

Vários estudos sobre a importância desse nível no comportamento humano destacam o papel de cada uma das seguintes funções:

a) Função Analítica: quando o indivíduo percebe, objetiva ou subjetivamente, uma necessidade, e procura conhecê-la em todas as suas características a fim de encontrar os melhores meios para atendê-la.

A necessidade é uma carência, algo que interfere com o funcionamento equilibrado da mente e do corpo e em sua relação com o meio.

Dada a complexidade do ser humano e a imensa variedade de seu comportamento em relação ao meio, aos outros homens e às inter-relações entre os elementos físicos, fisiológicos e mentais que compõem seu próprio organismo, sabemos que não é fácil identificar as necessidades que o afetam ou podem afetá-lo de algum modo.

Por outro lado, é fácil "sentir" física ou psicologicamente a "presença" de necessidades em sua vida.

E porque o homem — assim como a maioria dos animais — nasce com a necessidade básica de restabelecer o equilíbrio, nasce também com a de conhecer o que provocou o desequilíbrio para evitá-lo ou aceitá-lo como necessário no futuro: a Curiosidade. Assim, qualquer fator estranho numa situação conhecida provoca desequilíbrio e pode despertar a Curiosidade.

Por exemplo, uma pessoa idosa sofre de diabetes, um dos fatores que a torna obesa e sedentária. Sendo mentalmente consciente, sabe que deve fazer a dieta prescrita pelo médico e movimentar o corpo com caminhadas e exercícios, mas sofre para resistir ao esforço de sair de seu sedentarismo confortável, assim como de aguardar os períodos certos de tempo para se alimentar, além de não poder comer tudo o que gostaria.

Para essa pessoa, tais mudanças significam desequilíbrios na ordem de sua vivência e exigem esforço de seu organismo e vontade. Além disso, mudanças são sempre perturbadoras. Entretanto a pessoa sabe que tudo isso é necessário para voltar a ter saúde. Ela precisa ser estimulada a ver o lado bom das dificuldades que deverá enfrentar e estabelecer um propósito: o de vencer uma barreira e alcançar uma vida melhor.

Toda mudança começa com uma desagradável desorganização do ambiente para se aceitar uma nova situação que se espera ser gratificante. Daí a importância da curiosidade como fator emocional positivo (agradável), capaz de substituir o negativo (desagradável) da mudança.

Dependendo das boas ou más relações do organismo e da mente do indivíduo com a nova situação, o esforço poderá se transformar em rotina e o propósito, se antes não era agradável, começará a produzir satisfação. Por exemplo, a diabetes, controlada ou curada, será um estímulo, pois a pessoa aprendeu a utilizar seu esforço e sua força de vontade como inovadores e desafiadores meios para se obter gratificantes vitórias nos obstáculos que todo ser humano encontra em sua vida.

Os animais também demonstram ter curiosidade, mas respondem por instinto às necessidades e aos obstáculos encontrados, uma vez que (até hoje, que se saiba) não têm consciência. Por exemplo, a galinha para de comer grãos de milho se algum bichinho começar a andar entre eles. Ela olha e o bica. Se for alimento o engole, mas se não for, afasta-o ou se afasta dele e continua a comer. Apenas o homem não se contenta em somente eliminar ou se afastar de uma necessidade percebida, mas também busca conhecer "o quê", "como", "quando" e "por que" essa necessidade existe, e precisa ser atendida porque sua curiosidade se torna uma necessidade consciente, imposta pela razão.

Assim, quando uma nova ou uma necessidade diferente é percebida, a curiosidade é despertada. Ela funciona como um gatilho que desencadeia a energia vital responsável pelo conhecimento, pelas conquistas humanas, pela evolução e pelo progresso da humanidade.

Como tudo no mundo é desconhecido, a criança nasce com a curiosidade alerta, como se fosse ela toda uma necessidade básica de conhecer pela experimentação. Por meio dos órgãos dos sentidos ela começa a exercitar a curiosidade na busca de alimentos e para evitar os perigos; ou seja, ela aprende a sobreviver.

Com o desenvolvimento dos procedimentos que levam a criança a aprender a conhecer, a curiosidade vai se transformando em interesse, depois em intenção e escolha dos melhores meios para transformar suas necessidades em propósitos. Portanto uma necessidade pode despertar a curiosidade, que inicia um processo mental mais ou menos complicado – a análise – que estabelece um propósito de ação capaz de buscar a solução do problema.

A educação mal orientada assim como as más circunstâncias da vida, podem bloquear a curiosidade e enfraquecer o interesse, que é a função da mente capaz de concentrar a atenção, aumentar os conhecimentos e potencializar a capacidade mental para buscar e encontrar soluções para os problemas. Sem a curiosidade não há criatividade nem inovação. Tudo se mantém como sempre foi e sem mudanças não há vida nem progresso.

A curiosidade, portanto, deve ser cultivada, pois é o primeiro passo que leva o homem a necessitar e a buscar mudanças ao usar o pensamento analítico para identificar a natureza e o tipo de uma necessidade presente numa dada situação de sua vida antes de escolher a melhor maneira de atendê-la.

Se a necessidade que despertou a curiosidade e o interesse for definida como um Fato, o indivíduo terá que buscar as melhores condições para aceitar a situação e com ela conviver com o menor número possível de disfunções. Se, entretanto, houver condições de atender a essa necessidade, ele terá em suas mãos um Problema e, nesse caso, a solução estará contida na sua própria definição e poderá ser encontrada.

Por exemplo, um trabalhador diarista que ficou doente e precisou se afastar do serviço. Não poder trabalhar no seu serviço é um fato. Como ganhar dinheiro para sobreviver e tratar de sua moléstia é o problema. Ele começa a analisar sua situação e pensar em vários casos semelhantes. Então conversa com pessoas amigas que podem ajudá-lo e analisa a legislação para conhecer seus direitos. Ao final, ele consegue elaborar um quadro da situação com várias maneiras de buscar solução. Agora, mais esclarecido quanto aos aspectos legais da saúde, a um possível mercado de trabalho que não exija deslocamentos físicos ou à possibilidade de economizar morando com os pais, irá pesar as opções possíveis para tomar uma decisão consciente e racional.

b) Função Racional: constitui o primeiro passo para alcançar o segundo e crucial momento: o da tomada da decisão. É nessa instância que o indivíduo deve separar o sonho da realidade, em que reconhece a distância entre o que "gostaria" e as condições de que dispõe para realizar seu objetivo.

Ele começa a encarar, com os pés na terra, os fatos e os problemas contidos na situação para efetuar um julgamento e uma escolha final baseada na realidade e nas condições da situação presente e não apenas no desejado.

É a razão, a base da inteligência lógica, que deve levar o homem a dispor do agora e preparar o amanhã. Enfim, é a função racional da mente que aciona o processo do Raciocínio Lógico para elaborar planos e projetos em que as intenções serão planejadas (desdobradas num plano) e as realizações previstas (projetadas) em função do que o conhecimento analítico lhe mostrou.

O Raciocínio Lógico, a função racional da mente, é um processo de estruturação do pensamento de acordo com as normas da Lógica e que permite chegar a uma conclusão racional e a um melhor propósito com base na realidade.

Podemos dizer que o pensamento analítico é um processo mental que conduz o homem do plano emocional criativo para o plano da realidade, em que o raciocínio lógico encaminha os estudos em busca da solução racional para uma situação-problema. Por exemplo, o processo do envelhecimento cada vez mais prolongado é hoje um transtorno crucial no mundo todo. Há a necessidade de se encontrar uma solução urgente para ele. Problema: será possível encontrar uma maneira de dar à pessoa idosa condições para que, no decorrer da velhice, ela conserve sua autonomia e sua independência muito mais tempo do que atualmente? Com a solução do problema a pessoa idosa teria oportunidade de continuar a ser economicamente autossustentável e gerar economia para o governo, para a família e para sociedade, além de ser altamente satisfatório para a sua autoconfiança e para sua autoidentidade.

Esse objetivo ideal, analisado de vários pontos de vista e em diferentes aspectos, inclusive as experimentações realizadas em muitos lugares do mundo, terá seus resultados submetidos a exames pela inteligência racional aplicada a cada aspecto da situação estudada. Daí a importância do trabalho conjunto de grupos multidisciplinares nos estudos de casos. Um investigador sozinho não vai muito longe.

Há vários tipos de inteligência racional que direcionam o raciocínio, as ações e as razões de cada indivíduo no mundo. Os indivíduos diferem quanto ao maior ou menor grau de interesse e de capacidade para raciocinar. Um grupo de estudiosos em busca da solução de um problema terá melhores condições de examinar bem o conjunto dos aspectos que o problema apresenta. Nesse grupo, cada estudioso cuidará do aspecto pelo qual tenha interesse e para o qual esteja capacitado.

Nenhum tipo de raciocínio é superior a outro. Cada indivíduo deve identificar suas Vocações, Aptidões e Limitações, a fim de aprimorá-las ou supri-las. As condições ideais para o sucesso é trabalhar com o que se gosta e naquilo que se tem facilidade para realizar. A aptidão pode ser aprendida, a vocação é uma habilidade inata que geralmente vem no DNA, com a convivência e/ou com as oportunidades oferecidas pelo ambiente.

Em 1983, o psicólogo americano Howard Gardnerd[42] apresentou uma teoria sobre tipos de inteligência racional:

- A Lógico-Matemática: ter facilidade para aprender e lidar com operações matemáticas. Envolve o raciocínio sequencial (aptidão). Gosto para reconhecer padrões, investigar e comprovar hipóteses (vocação). Comuns em pessoas com pensamento objetivo e racional.

- A Linguística: saber usar as palavras, vocabulário rico, conhecimento de línguas (aptidão). Facilidade para falar em público, gosto para escrever livros (vocação).

- A Visual/Espacial: facilidade para olhar o mundo em três dimensões. Bom raciocínio espacial para construções e obras de engenharia (aptidão). Sensibilidade para formas e cores, habilidade para desenho, escultura e pintura (vocação). Tipo de inteligência comum em pessoas com imaginação e criatividade.

- A Corporal/Cinestésico: relacionada ao uso eficiente do corpo. Consciência corporal desenvolvida, boa linguagem corporal (aptidão). Facilidade e gosto para atividades físicas em exercícios, competições e demonstrações (vocação).

- A Musical: capacidade de compreender e identificar timbres, tons, ritmos e outros elementos relacionados com sons (aptidão). Aprecia a música, gosta de compor, cantar e tocar; sensível aos sons em geral (vocação).

- A Interpessoal: capacidade para compreender e interagir com pessoas. Comum em professores, políticos e vendedores (aptidão). Sensibilidade aos outros, facilidade para fazer amigos, para organizar grupos de atividades sociais assistenciais (vocação).

- A Intrapessoal: habilidade e sucesso como autoridades em grupos religiosos, em atividades místicas, como filósofos e psicólogos (aptidão). Habilidade e gosto para conhecer a si próprio e ao mundo no nível espiritual, por atividades místicas e religiosas (vocação). Em geral, são pessoas desapegadas de bens materiais.

- A Existencial: capacidade e prazer de entender e analisar problemas dos seres ligados à vida e à morte, ao Universo e às origens (aptidão). Interesse em geral pela astronomia, filosofia e outros estudos do homem além da matéria (vocação).
- A Naturalista: proposta em 1955 por Gardner Howard. Envolve a habilidade para conhecimentos físicos e biológicos do meio ambiente em suas relações com o ser humano e com os animais (aptidão). Facilidade e gosto para relacionamento intergeracional. Interesse pela literatura e por pesquisas sobre ecologia. Gosto para viver no campo (vocação).

A situação ideal é a de que todo indivíduo execute uma atividade pela qual tenha paixão e que obtenha capacidade e oportunidade de exercê-la com perfeição em termos de habilidade e competência. Por exemplo, um médico deve estar objetivamente preparado para decidir se um paciente deve ser submetido a formas invasivas, mas curativas, de tratamento, ou ser encaminhado a cuidados paliativos. Outro exemplo: se e quando a OMS deverá investir milhões na busca da cura definitiva para uma pandemia, indicar tratamento profilático ou escolher, entre várias, uma vacina, ainda que sua descrição funcional possa conter alguma imprecisão.

Enfim, exauridos todos os recursos de informações sobre teorias e práticas já experimentadas ou em andamento e tendo seu raciocínio lógico apontado a melhor solução para o problema, o indivíduo irá recorrer ao seu potencial mental e recursos materiais e tecnológicos para a elaboração de um projeto de ação e colocá-lo em prática.

A saúde e a qualidade de vida da pessoa que envelhece, até a sua morte, são de responsabilidade do governo e da sociedade onde vive. Deverão estudar, analisar e providenciar os recursos necessários e possíveis para buscar solução para os problemas que surgirem. E por meio de políticas públicas, organizar projetos e atividades até a experimentação e engajar os cidadãos idosos nos trabalhos dentro da vocação, da aptidão e dos limites de cada um.

TEMA 5

VIOLÊNCIA: FATORES E DISFUNÇÕES DE CONVÍVIO

5.1 A população idosa e sua luta pela vida

Embora o envelhecimento e a morte sejam inevitáveis a todo ser vivo, a sua aceitação pela espécie humana é diferente das demais criaturas pela consciência que o homem tem de si próprio e do mundo onde vive.

De diferentes maneiras o ser humano vem procurando fugir à velhice e à morte, ora com mitos e ritos, ora buscando uma vida eterna em imaterial espírito ou alma após a morte física.

Com a evolução das Ciências e da Tecnologia, os estudos e pesquisas foram se fixando mais no processo do envelhecimento e causas da morte do que numa vida após a morte. Nos campos da Biologia, Psicologia, Psiquiatria e, atualmente, no das Ciências Sociais e Políticas, cresce o interesse pelas inter-relações entre esses estudos e o prolongamento da vida humana com qualidade, a denominada Longevidade Ativa.

O ser humano que envelhece está cada vez mais tomando consciência da importância das relações que existem entre a qualidade e a duração de sua vida e as condições físicas e mentais de seu organismo diante das ofertas da Natureza, da sociedade (com ênfase na família e amigos que com ele convivem) e dos meios culturais, que lhe permitem conhecer a si próprio e ao mundo que o cerca.

Hoje, com a vida se prolongando cada vez mais, a população idosa e longeva já representa uma parcela significativa da população mundial, assim como um sério problema socioeconômico.

Uma grande parte dos países do mundo ainda não está adequadamente preparada para receber a onda crescente de pessoas idosas e longevas. Elas lutam com a falta de condições necessárias – psicológicas, físicas, culturais e políticas – para impedirem o avanço da degeneração de seu organismo e mente enquanto se deterioram suas capacidades, para viverem com qualidade.

Em grande parte das sociedades as pessoas idosas ainda são tidas como fardos a serem carregados por familiares e serviços públicos e privados, cuja função é manter a vida em corpos e mentes que inexoravelmente se aproximam da morte.

Atualmente podemos considerar que se de um lado o envelhecimento e a morte ocorrem de maneira pessoal a cada indivíduo, certas características comuns no decorrer desse processo indicam a presença de disfunções frequentes e semelhantes nas relações de convívio da pessoa idosa com seu meio, sobretudo a família e a comunidade em que vive.

A análise dos padrões que os fatores de disfunção provocam no comportamento das pessoas idosas permite compreendê-los e analisá-los com o objetivo de melhorar a qualidade de vida e do convívio da população idosa com o mundo ao seu redor.

A pergunta que os estudiosos, os cientistas e a sociedade se propõem a responder é: como fazer da população idosa cada vez mais longeva uma faixa etária capaz de se tornar um elemento interativo útil à sociedade e, ao mesmo tempo, manter uma qualidade de vida que a capacite a viver de acordo com a determinação genética de cada indivíduo?

A busca de resposta a tal pergunta começa a se refletir no comportamento da pessoa idosa, levando-a a olhar para dentro de si própria, a analisar suas necessidades e a exigir dos governos e das sociedades direitos para sua faixa etária e privilégios por trabalhos prestados aos governos, à sociedade e a formação e manutenção de suas famílias, que definirão o futuro.

Enquanto um convívio saudável pode ser fruto e gerar fatores positivos de harmonia, alegria, paz, segurança e autoconfiança, um mau convívio pode gerar ou decorrer de fatores negativos, como moléstias, isolamento, egoísmo e ódio.

Na complexa teia das inter-relações comportamentais das pessoas idosas, salienta-se o convívio com:

- A Natureza: na busca de alimentos e dos movimentos que marcam as ações e as mudanças do ser humano em seu tempo de vida e seu espaço no mundo.
- A Sociedade: na definição de trabalho, lazer e convívio com a família, amigos e a comunidade onde vive.
- Consigo Própria: no mundo das emoções e os sentimentos, a busca do equilíbrio e da harmonia pela cooperação e pela realização de ideias, planos e projetos no processo do viver. A observação da história do homem no mundo tem mostrado que fatores gerados pelas relações de convívio equilibrado e benéfico para todos são os que decorrem da fraternidade, da liberdade e da responsabilidade, que compõem uma democracia cuja base é o respeito mútuo. Por outro lado, os fatores que emergem de um convívio disfuncional, desarmônico e maléfico para todos os envolvidos são o ódio, o egoísmo e a inveja, que conduzem ao desequilíbrio e às formas negativas de comportamento, cuja base é o autoritarismo.

Não é difícil entender até aí. Mas o problema que vem impactando as sociedades, os governos e as próprias pessoas idosas é encontrar um caminho seguro e flexível para impedir ou modificar as formas negativas de comportamento da sociedade, da família e do governo, e para facilitar à população idosa encontrar melhores respostas aos fatores de disfunções aos quais vêm sendo submetidas.

Os estudos e pesquisas sobre qualidade de vida e longevidade vêm crescendo, e ao mesmo tempo aumentam as discussões e os debates para que as sociedades modifiquem seu conceito discriminatório e pessimista do que significa o etarismo na "terceira idade" ou "melhor idade", ou simplesmente da designação "o idoso".

Hoje, oficialmente, o idoso deve ser reconhecido pela denominação de "pessoa idosa". Talvez fosse mais eficiente valorizar o conceito de "idosos" como sendo os "antigos" ou "anciãos", aqueles que por suas contribuições únicas permanecem reverenciados até hoje em muitas regiões, principalmente orientais e comunidades tribais em países do novo mundo.

5.2 A violência

O termo VIOLÊNCIA define, numa só palavra, todas as disfunções que podem ocorrer nas relações de convívio entre os seres vivos no mundo que constitui sua moradia.

Embora seja de suma importância para a vida humana a convivência do homem com todos os seres que compõem a Natureza, vou salientar aqui a convivência intergeracional da pessoa idosa, assim como seu convívio com pessoas da mesma faixa etária e consigo própria.

Na medida em que a convivência com pessoas na mesma faixa etária é um poderoso fator positivo na vida daqueles que envelhecem, tendo em vista interesses e necessidades em comum, a convivência intergeracional representa um forte estímulo e desafio para a pessoa idosa conhecer a si própria, assim como para estabelecer laços de conhecimento e de afeto criados pelos valores do passado tendo em vista o preparo para o futuro.

Nessa perspectiva, o conceito de Violência, embora pareça simples, mostra-se extremamente complexo na teia das inter-relações de toda uma população idosa com a sociedade, a família e consigo própria.

Com certeza, para que um ato de Violência ocorra é preciso que três elementos estejam ativos numa situação disfuncional de convívio:

    a. O autor – aquele que, pela violência, provoca na vítima o desequilíbrio de suas funções físicas, fisiológicas ou mentais.

    b. A vítima – que recebe o impacto da violência e deverá produzir respostas adequadas para reequilibrar as funções afetadas.

c. O processo – ou seja, as mudanças que ocorrem nas funções afetadas pela Violência em cada situação, no autor e na vítima.

É nas mudanças que ocorrem no processo que se pode observar a presença de padrões disfuncionais de comportamento, que podem surgir espontaneamente no decorrer do envelhecimento ou serem produzidos em situações de violência, pelo Autor, por fatores da Natureza ou pela própria Vítima, nas relações consigo própria, com a família e com a sociedade.

Muitos dos padrões disfuncionais de comportamento contidos na violência se desenvolvem a partir da infância, por meio da educação informal e da formal, dadas pelas ações da família e da sociedade.

Concluindo, podemos dizer que é na observação dos padrões de comportamento do Autor e da Vítima numa situação de violência que podemos identificar as funções afetadas e interferir no Processo para reduzir ou impedir a violência contra a pessoa idosa e suas consequências.

Nesse caso, ninguém melhor do que as pessoas que envelhecem para demonstrar e relatar violências, revelar disfunções de convívio e suas consequências na qualidade e na longevidade de sua vida.

Aprender a conviver consigo própria, a olhar dentro de si e encontrar novos motivos para viver com qualidade é o que leva a pessoa que envelhece a adquirir não só longevidade, mas também continuar a ser um elemento ativo na sua comunidade. E cabe à família, à sociedade e aos governantes colaborarem, oferecendo condições para que isso aconteça.

Meu objetivo aqui é analisar os motivos que levam a própria vítima (a pessoa idosa), a família ou a sociedade a praticarem atos de violência, para encontrar os fatores de disfunções que impedem a pessoa idosa de ter uma vida mais longa e com melhor qualidade.

Não podemos deixar de lembrar a importância da observação de Mia Couto[43] de que "o ser humano é um organismo e não um mecanismo" e que, por melhor que seja "fabricado", nunca deixará de funcionar sempre da mesma maneira para o que foi programado.

Até hoje tem sido impossível impedir a manifestação de todos os tipos de fatores que produzem disfunções, ou seja, violência, nas relações de convívio com a pessoa em processo de envelhecimento, especialmente aquelas que compõem a sua família e a comunidade em que vive.

Alguns desses fatores podem ser estudados em suas manifestações no comportamento do Autor e da Vítima no Processo da violência.

5.2.1 O Autor

É possível assinalar três níveis de violência produzidas pelo Autor que desestruturam o comportamento da Vítima, em especial a pessoa idosa:

5.2.1.1 Violência Inconsciente

Quando o Autor não percebe que seu comportamento constitui uma violência. Por exemplo, uma filha conversa com a amiga baixinho, sem pensar que seu ato possa ser interpretado como desprezo, uma violência que pode produzir desconforto e humilhação à mãe idosa ao seu lado. Ela certamente se sentirá ignorada e excluída da conversa.

Do mesmo modo, existe violência quando uma pessoa sai para passear com uma idosa e, distraída, deixa-a para trás, sem perceber que ela pode estar com dificuldade para andar e não querer confessar sua insegurança. A pessoa idosa sente revolta e tristeza por se mostrar dependente.

Outro caso pode ser o da cuidadora que força a pessoa idosa sob seus cuidados a comer o que ela rejeita por desconhecer que a causa pode ser uma dificuldade fisiológica (por exemplo, o refluxo) para deglutir aquele tipo de alimento.

Casos como esses são incontáveis no dia a dia da pessoa idosa na família e na comunidade e muitos provocam sofrimento, algumas vezes até percebidos aos que estão próximos.

Outra ocorrência de violência inconsciente muito frequente é o de um familiar, amigo ou cuidador que acaba falando asperamente e em voz bem alta com uma pessoa idosa porque ela não está escutando direito, e não percebe que isso a humilha, sob o olhar de comiseração daqueles que estão próximos e não conhecem seu problema auditivo.

Os atos de violência inconsciente podem ocorrer com tanta frequência que levam uma pessoa idosa a se convencer de não ser mais capaz de agir com autonomia e independência.

Enfim, as violências inconscientes contra a pessoa idosa são involuntárias e não intencionais, quase sempre baseadas na desinformação, na desatenção e na comodidade daqueles que com ela convivem.

5.2.1.2 Violência Subconsciente

Quando o Autor não percebe a gravidade da violência que pratica. Tais violências são frequentes e quase sempre com base cultural. São aquelas que decorrem de hábitos, costumes e tradições de grupos, da população local, de um país ou de uma etnia. Elas são incorporadas pelas gerações seguintes, por meio de comportamentos e valores aprendidos com as gerações que as precederam.

A violência contida no comportamento do Autor, quando justificada pela tradição e pelo uso, não provoca respostas conscientes adequadas e compatíveis com o ato nem pela Vítima, nem pelo Autor.

Assim, o ato e seu julgamento ficam esquecidos na caixa das lembranças, no subconsciente, até serem chamados à consciência por uma situação com violência de tal força que exija uma redefinição de tais atos e de seus efeitos na sociedade, na família e, especialmente, na qualidade e na longevidade da vida da pessoa idosa.

Um exemplo é o caso atual, cultural e econômico que está impactando as sociedades: o crescimento inesperado da população idosa decorrente do alongamento da duração da vida e da necessidade de proporcionar a essa população novas e melhores condições, necessárias para uma vida com qualidade até seu final.

Para exemplificar esse tipo de violência cultural – embora, a princípio, não diretamente contra as pessoas idosas – vou citar uma violência antigamente aceita pela sociedade na tradição escolar:

o uso de castigos físicos aos quais eram submetidos os alunos das primeiras escolas públicas, em geral em zonas rurais do nosso país.

De acordo com o erro que o aluno cometesse — um comportamento ou nas tarefas escolares —, ele era castigado, e o castigo era, por exemplo, permanecer de joelhos sobre grãos de milho num canto da classe até o professor se dar por satisfeito, ter as palmas de suas mãos batidas com a palmatória ou levar na cabeça curtas e fortes batidas, dadas pelo professor com os nós dos dedos.

O professor — autor da violência — não tinha consciência plena dos efeitos emocionais e/ou na saúde física de seus atos na vida do aluno, pois eles acabavam sendo esquecidos junto à lembrança do próprio aluno que foi castigado. Quando era levado a recordar o passado, justificava seu ato dizendo que o castigo tornaria o aluno mais forte e responsável no futuro.

Esse tipo de violência preparava os alunos para o uso da autoridade pela violência, tanto no convívio com a família quanto em atos socialmente aceitos. A preocupação com os efeitos destrutivos desses atos para as saúdes física e mental da vítima permanecia adormecida no subconsciente do professor

A violência institucionalizada prepara seres humanos para o uso indiscriminado de violência no convívio com os mais fracos, indefesos e vulneráveis, como as crianças, os economicamente dependentes e as pessoas idosas.

Um exemplo é o do indivíduo economicamente poderoso que atropela um morador de rua idoso que não conseguiu chegar ao outro lado da rua antes do semáforo abrir e friamente segue em frente sem prestar socorro. Outro exemplo bem corriqueiro é o da família que mantém a avozinha agasalhada num dia de calor extremo porque não é socialmente adequado uma pessoa de 80 anos exibir braços e pernas envelhecidos. E, ainda, a atitude dos filhos que não se importam em saber da mãe que está numa casa de repouso ou numa clínica porque, social e judicialmente, ela está em boas mãos e não há lei que exija afeto dos filhos para com seus pais.

Com a longa experiência de sua própria vida, o Autor, agora idoso, começa a se recordar do passado e das violências praticadas, que estavam adormecidas em seu subconsciente, e a reconhecer sua má atitude. Ele também se lembra de seus acessos de raiva e do choro de sua mãe e neles ver as consequências de suas atitudes e ações violentas, que destruíam a autoestima e a autoidentidade dela, do mesmo modo quando tomou de suas mãos de forma brutal o copo que ela estava enxugando enquanto caminhava por medo que ela caísse e se machucasse. E revê, ainda, mas com novo olhar, a frustração e o desapontamento dela diante de sua risada de sarcasmo ao ver que ela não alcançava mais a parte alta do armário que ela sempre utilizou.

Com suas lembranças ele pode entender que ligada aos fatores emocionais desencadeados por sua aspereza e desafeto se encontrava a humilhação que ela sentir pela consciência de suas fragilidades física e mental causadas pelo envelhecimento.

O convívio familiar ruim poderia ser compensado por laços sociais sólidos com grupos de amigos e atividades, porém isso vai se tornando uma conquista cada vez mais difícil pela crescente perda da visão, da audição, da locomoção e da memória.

Então ele entende as violências física e psicológica que sua esposa praticara ao impedir, por sua lerdeza, a mãe de ajudar nas tarefas da casa das quais tanto gostava, e sente em sua própria consciência a sua violência ao deixar a mãe tanto tempo sem os recursos tecnológicos necessários à sua visão e sua audição, o que a permitiriam conviver com amigos e a sociedade de igual para igual, oferecendo sua sabedoria e seu trabalho.

Na violência subconsciente, que, de algum modo, acontece no decorrer da vida de qualquer pessoa, encontram-se dois componentes impactantes: em primeiro lugar, o Esquecimento, que oculta do Autor a conotação de violência em atos socialmente aceitos; depois, o Remorso, trazido para o Autor pela memória da violência em atos praticados e que jaziam adormecidos no subconsciente.

Seu castigo vem com o arrependimento e o sofrimento por saber que nunca poderá desfazer o que ficou no passado, sendo o remorso uma violência autoimposta.

5.2.1.3 Violência Consciente

É a que ocorre no nível da razão, da vontade, do conhecimento dos efeitos destrutivos que acaba causando no corpo e na mente da Vítima. Ela é voluntária, intencional, e por isso mesmo considerada crime na legislação.

Tal crime pode até ser considerado hediondo quando praticado contra uma Vítima incapaz de se defender, como crianças, pessoas idosas, pessoas economicamente dependentes, pessoas com deficiência física ou com transtornos mentais etc.

É a violência mais perigosa para a população idosa. Também é uma das mais complexas e o nível de agressão geralmente cresce à medida que aumenta a idade cronológica da pessoa, podendo afetar sua saúde nos níveis mental e físico.

A violência consciente pode ter como autor a própria vítima, a família e a sociedade. Seus instrumentos podem ser psicológicos, econômicos e sociais.

5.2.2 Violência Contra Si Própria

Essa é uma violência de origem nitidamente psicológica. O fator determinante que desencadeia o motivo da violência é a vingança. E o ato mais violento contra si próprio para se vingar de algo ou de alguém é o suicídio.

A frequência da violência consciente e planejada contra a pessoa idosa no dia a dia pode levá-la à autonegação profunda de si própria e ao isolamento do mundo. Ela pode se tornar cúmplice de sua própria violência para fazer do autor também uma vítima.

São as emoções e os sentimentos que levam uma vítima a se autoviolentar. Por exemplo, sérios problemas psicológicos em suas relações familiares podem levar uma pessoa idosa a recusar o alimento, a se isolar num quarto e entrar em depressão. Nesse caso, a pessoa idosa tem não somente sua saúde física fragilizada, como também passa a ser uma presa fácil de disfunções mentais.

Outro exemplo, menos dramático, mas comum, principalmente entre pessoas dos 40 aos 60 anos, é a violência autoimposta por vaidade. Levada pelo desejo de não perder seu papel social, a pessoa idosa procura ocultar seu envelhecimento físico com a ajuda de recursos estéticos invasivos, como cirurgias plásticas, jejuns e medicamentos para emagrecer, levando-a até a desenvolver patologias como a Bulimia e a Anorexia.

Uma terceira forma de violência contra si próprio é o desejo de, por vingança, voltar a violência sofrida contra o próprio autor. É o caso de um filho violento que cuida da mãe e a proíbe de sair sozinha. Um dia, ao voltar para casa, vê que ela saiu. Ao encontrá-la, ofende-a verbalmente e a tranca na casa como castigo. Quando ele volta, mais calmo, para se desculpar, a mãe dramatiza a sua situação para vê-lo sofrer como ela sofreu, para fazê-lo "provar de seu próprio veneno".

5.2.3 Violência Familiar

Este tipo de violência contra a população idosa tende a ser cada vez mais dramático quando o progresso social parece tornar o mundo cada vez menor e encolher o mundo para receber sua crescente população de pessoas idosas.

Embora as ciências biológicas, junto à tecnologia, tenham facilitado o controle familiar e a redefinição dos espaços das moradias, as transformações econômicas e culturais vêm, proporcionalmente, criando problemas para a humanização do homem e seu ambiente de vida, especialmente o familiar.

Tais problemas estão se tornando cada vez mais presentes e determinantes da qualidade de vida na fase do envelhecimento. Eles são modelados e definidos pela constelação familiar de cada indivíduo que, acrescida à dos amigos, acompanham a pessoa idosa do nascimento à morte.

É no grupo da família que mais ocorrem as graves disfunções de convívio que denominamos de Violência. É no ambiente familiar que ocorrem as violências mais frequentes, que podem definir as relações familiares e a longevidade e qualidade de vida do idoso. Daí a importância de se analisar as etapas do envelhecimento físico e mental e suas relações com os tipos de violência praticados por familiares contra aqueles que envelhecem. São elas:

- Violência decorrente das mudanças de comportamento da família em relação às mudanças da pessoa que está envelhecendo. As pequenas violências domésticas que ocorrem no dia a dia da pessoa em processo de envelhecimento são muito desgastantes. Elas aparecem na forma de constantes depreciações e críticas, como: "Deixe essa roupa no tanque que num instante eu vou lavar direito", "Não esconda a sua carteirinha de dinheiro porque depois a senhora mesmo não a acha mais", "Nem pense em ir à padaria sozinha", "Não me interrompa quando estou falando", "A senhora não tem mais idade nem para limpar o chão" e assim por diante.

É muito importante não desmerecer a capacidade física ou mental da pessoa idosa em qualquer idade. Se ela se propuser a fazer algo que envolva algum risco, não a desestimule, apenas lhe ofereça ajuda.

- Violência decorrente de problemas familiares, em que somente o pagamento depende da concordância da pessoa idosa. Como exemplo cito a compra de uma cama maior para seu conforto. Os filhos discutem a vantagem e o preço de várias camas para melhorar as dores na coluna da mãe. Ela, o objeto da questão, é consultada somente para pagar a conta e sente-se como uma peça de mobília que deve combinar com o conjunto do quarto. Se ainda estiver com sua capacidade mental plena, a pessoa idosa pode responder à altura dizendo: "Se vocês já escolheram sua cama, paguem. Agora vou escolher a minha!".

- Violência de familiares perante estranhos, que representa descaso à pessoa idosa, que se sente invisível ou apenas uma bagagem. Um bom e frequente exemplo é o de uma consulta médica. O médico faz uma pergunta à paciente idosa. Ela não ouve bem e responde: "Desculpe, não ouvi". O responsável responde por ela, e daí por diante o médico e a filha fazem a consulta como se ela não estivesse presente. Mas afinal, ela é a paciente e a filha é quem diz o que ela sente? Ela precisa é da cura da tristeza que não a larga, de alguém que a afague e lhe diga que está feliz por ela existir. Esta situação representa uma humilhação para a pessoa idosa, que se vê como um objeto quebrado que a filha quer apenas saber como colar os pedaços.

O mesmo acontece em outras situações de convívio social em família ou com amigos, quando as conversas correm soltas, sem que deem à pessoa idosa oportunidade para participar, como se ela não estivesse presente. Ela se sente violentada, conhecendo respostas a ela não solicitadas, numa situação em que se perde a oportunidade de aprender algo que pode trazer sabedoria para ouvir as supérfluas notícias "quentes" do momento, que provocam riscos ou emoções violentas de ódio e egoísmo.

Um exemplo final que pode levar a pessoa idosa a sentir que ela está se tornando uma carga para a família é a de uma viagem com familiares onde a incumbência de levá-la passa de um para o outro, até que uma das filhas a chama e a manda sentar-se no banco de trás com a bagagem. Durante a viagem, a conversa baixinha entre as duas pessoas que estão na frente lhe dão sono e ela adormece. De repente, a filha olha para trás e diz: "Puxa, mãe, tinha esquecido que você está aí!".

- Violência Financeira, praticada por uma pessoa estranha (tutor profissional) ou da família (tutor familiar, em geral um filho), legalmente autorizada ou aceita pela família para da pessoa idosa cuidar.

Este tipo de Violência tem, em geral, a característica moralmente cruel de não ser percebida nem sentida pela pessoa idosa, dela vítima.

No caso de ser um parente, começa com ajuda nas transações bancárias para sacar dinheiro por ser o sistema bancário atual muito complexo para ela. Depois esse parente começa a gerir todo o movimento financeiro, dando-lhe o suficiente para o gasto diário e, finalmente, cuidando de toda a sua vida para que ela tenha sossego e paz para viver. A pessoa idosa pode até se tornar uma vítima grata ao seu agressor.

Nesse caso bem complexo, quais seriam as violências? Do ponto de vista físico, aparentemente nada falta: a cuidados com sua saúde, alimento e segurança. Mas, aos poucos, não fazer mais nada começará a lhe negar uma vida ativa com qualidade, responsabilidade e motivação para viver. A pessoa idosa acaba se entregando a um processo de vida que física e mentalmente à conduzira mais rapidamente à morte, sem direito à longevidade permitida por sua determinação genética.

5.2.4 Violência Social: a Vítima e o Processo

A Violência Social é um tipo de violência que pode atingir uma parte da sociedade, uma comunidade ou uma só pessoa. Ela deve ser considerada em seus três níveis:

- Da Gestão Municipal.
- Da Sociedade Civil que habita o Município.
- Da Relação do Cidadão e seus Direitos.

5.2.4.1 Da Gestão Municipal

Da Gestão do Município depende o grau de segurança e proteção da população. Por essa razão, a estrutura e o funcionamento dos serviços que constituem a sua organização devem estar voltados para a garantia da segurança e bem-estar da sua população nas três faixas etárias: infância, jovens/adultos e pessoas idosas.

Para que isso aconteça, o prefeito e sua equipe precisam fazer cumprir as políticas públicas propostas e aprovadas pelas autoridades, pelas organizações sociais e pela população civil do município.

As propostas públicas aprovadas devem estar sempre voltadas para dois objetivos: o primeiro é a SELEÇÃO dos candidatos adequados aos serviços que irão prestar. Ninguém deve fazer aquilo em que não acredite ou que deteste, porque se assim o fizer violentará a si próprio, introduzindo a possibilidade de violência em seu trabalho; o segundo é a CAPACITAÇÃO dos funcionários e trabalhadores selecionados para as tarefas que irão realizar, tendo sempre em vista o seu lado humano e não só mecânico, sobretudo se houver perigos e possibilidades de acidentes.

5.2.4.2 Da Sociedade Civil

Podemos afirmar que um município existe porque existe o cidadão, porque nele há uma sociedade da qual os cidadãos idosos fazem parte e que não só acompanhará o progresso, como também o conduzirá para o bem de seus habitantes. É o comportamento da sociedade que demonstra o grau e registra a espécie de violência que pode destruir a harmonia no convívio multissetorial e intergeracional que a caracteriza.

O lugar que a população idosa ocupa no contexto global da sociedade, seus direitos e seus deveres de cidadania se respaldam legalmente no Estatuto do Idoso, criado pela Lei n.º 10.741, em 1º de outubro de 2003, atualizada em 2023.

Entretanto nem sempre um serviço social do município prestado para minorar ou evitar violências da sociedade contra as pessoas idosas atinge seu objetivo. Um exemplo que vem impactando cada vez mais a sociedade moderna é o da internação da pessoa idosa.

Um abrigo público ou uma casa de repouso está sendo quase sempre o endereço final da pessoa que envelhece até que sua vida se acabe. Em quase todas as famílias chega o momento em que a pessoa idosa necessita de cuidados constantes, que a família não tem condições de proporcionar, pois há a fragilização crescente dos órgãos dos sentidos e dos movimentos, que comprometem a independência da pessoa idosa, e a perda crescente da memória e do raciocínio reduzem a sua autonomia.

Mas isso gera uma grande violência sancionada pela sociedade contra a pessoa idosa, que a coloca na estranha "sala de espera da morte": a sua retirada, contra ou não a sua vontade, do lugar onde vive com sua família, de seu ambiente conhecido e confortável. Apesar de tal medida ter como objetivo impedir, entre outras coisas, violências familiares que acompanham o idosos, ela estimula um envelhecimento cada vez mais destrutivo e uma vida sem qualidade.

Hoje, na maior parte dos casos, os casais trabalham fora e os filhos ficam em creches ou colégios em tempo integral. Além disso, eles também participam de atividades de grupos, praticam esportes etc.

Nos estreitos espaços das residências modernas não existem mais quintais, bem diferentes das grandes casas rústicas antigas, onde famílias numerosas moravam e onde sempre havia uma filha mais velha, em geral solteirona, que cuidava dos avós e depois ajudava a cuidar dos pais e irmãos mais novos.

Na era moderna, principalmente nas classes economicamente menos favorecidas e especialmente para aqueles que vivem abaixo do nível da pobreza, vai se tornando um desafio diário encontrar espaço para a pessoa idosa sobreviver.

5.2.4.3 Da relação do Cidadão Idoso e seus Direitos

Quando começa a ficar mais difícil cuidar da pessoa idosa ou não há quem possa ficar com ela, as famílias, tanto as economicamente abonadas quanto as mais carentes, buscam na sociedade locais públicos e privados ideais — mesmo contra a vontade da pessoa idosa — para ali deixá-la e ajudá-la em seu envelhecimento. Esses locais, casas de repouso para pessoas idosas, variam segundo o poder econômico da idosa ou da família.

A família procura se conformar com a saudade e com o remorso, sentindo alívio ao acreditar que lá a mãe ou a avozinha estará bem cuidada, em melhores e mais competentes mãos do que as suas.

A realidade indica que os cuidados no atendimento prestado aos cidadãos que envelhecem e o nível de violência contra a pessoa idosa diminuem e aumentam, respectivamente, à medida que o poder aquisitivo da família ou do morador é maior ou menor. Isso se manifesta no comportamento físico e mental dos recolhidos em abrigos, asilos e organizações laicas e religiosas para os pobres e indigentes que, na verdade, nem chegam a representar uma população. Em grande parte, trata-se de uma minoria itinerante que aparece para tomar banho, receber a sopa da tarde e fazer o pernoite, desaparecendo no dia seguinte.

Em contrapartida, é muito difícil ajudar os idosos que se negam a ficar em uma casa de repouso, com uma vida mais estável e menos violenta, porque eles não querem trocar sua liberdade, seus amigos de praças, seus jogos com baralho, às vezes bebendo ou até usando algum tipo de droga, por um local com regras e de onde eles não poderão sair.

Algumas mulheres idosas até colaboram, ajudando na cozinha, na limpeza e na organização e atendimento nos dias e noites desses idosos. Entretanto é nos abrigos públicos e nas moradias oferecidas por associações privadas, laicas e religiosas que a população mais necessitada encontra ajuda para sobreviver.

As pessoas idosas que conseguem ter uma boa aposentadoria e vivem em casas de repouso criadas por ONGs e outras organizações civis e religiosas são um pouco mais bem tratadas. Esses locais são mais confortáveis e têm melhor estrutura, mas ainda assim constituem uma violência contra o idoso, pois acabam gerando sedentarismo, falta de contato social com amigos e colegas de trabalho, que lhes trazem motivação para viver!

Até a classe social economicamente mais abonada não escapa da necessidade de colocar a pessoa que está envelhecendo em um desses locais. Chega o momento em que a vida da pessoa idosa transforma a casa da família em um hospital, com uma equipe de enfermeiras, cuidadoras, fisioterapeutas e terapeutas ocupacionais, entre outros, o que leva a família a decidir procurar um lugar para ela.

E, assim, a família financeiramente mais estruturada busca o melhor local possível para a pessoa idosa ficar, por mais triste e emocionalmente violento que esse rompimento seja.

A maior parte das casas de repouso para pessoas idosas é constituída por empreendimento particulares que atendem aposentados ou pessoas com média e alta renda que podem ali ficar, com ou sem a ajuda do governo.

Atualmente estão surgindo vilas particulares, construídas por pessoas idosas com mais recursos financeiros. Nessas vilas há o convívio com amigos e a sociedade, o que ajuda a preservar por mais tempo a sua autonomia e a sua independência. Esses locais também oferecem à pessoa idosa condições de se alimentar bem, estímulos para a mente e trabalho na Natureza para se manterem mais ativos fisicamente.

5.2.5 Violência Ambiental: as quedas

Mas não existem apenas os problemas de violência social decorrente da crescente densidade demográfica da população idosa. Há, ainda, violências que são geradas pela organização municipal.

É ela quem define e desenvolve as adequações necessárias para a movimentação e acesso dos cidadãos idosos nas vias e edifícios públicos, e são as Políticas Públicas baseadas no Estatuto do Idoso que supostamente devem garantir à população seus direitos fundamentais.

Vamos tomar como exemplo um transporte público, um ônibus. Quem o coloca em movimento é o motorista, que trabalha para o governo municipal, que responde por tudo que acontece no veículo, inclusive os passageiros, que deveriam ficar sob seus cuidados. Reconhecido como pessoa capacitada, os usuários desse veículo nele depositam sua confiança para entrarem, lá dentro se locomoverem e se sentarem. E depois, ao chegarem ao ponto desejado, para se levantarem, acionar o sinal, aguardar o ônibus parar e descer, cumprindo seu percurso.

Entretanto nem sempre as coisas se passam com essa tranquilidade. Tratando-se do ser humano, com suas diferenças pessoais, encontramos nas relações de convívio pessoas que se definem pela paz, pela alegria e pela harmonia, com as quais o nível de violência social é baixo, e outras que, por múltiplos motivos, exibem um comportamento violento. Infelizmente, há alguns motoristas de ônibus que se encaixam no segundo grupo de pessoas.

A maioria das causas de violência, principalmente contra as pessoas idosas, acaba decorrendo da falha de uma empresa de transporte na seleção e na capacitação dos motoristas, além da fiscalização do seu serviço.

Não podemos nos esquecer que as mudanças introduzidas pelo progresso na vida de um município devem ser acompanhadas com a preparação dos munícipes que nele habitam. Por exemplo, é frequente os motoristas pararem muito longe da guia da calçada para receber os passageiros. Daí a necessidade de pessoas idosas terem que atravessar uma perigosa faixa entre a guia da calçada e a porta do ônibus, ficando sujeitas a acidentes.

Também ocorrem problemas com motos e bicicletas, que vêm em alta velocidade para ficarem à frente, muitas vezes estacionando em cima da faixa de pedestres ou passando nessa faixa muito rapidamente quando o sinal abre. Nesse caso, corre-se o risco de atropelamento da pessoa idosa que está se encaminhando para o ônibus. E, ainda, chegando o idoso à porta do ônibus, enfrentará a luta de subir os altos degraus para nele entrar. Em seguida, ainda precisa chegar logo em um banco ou apoio, porque raramente o motorista aguarda o passageiro sentar-se para pôr o carro em movimento.

Não são raros os casos em que o motorista não espera um passageiro idoso se sentar, colocando o ônibus em movimento e o derrubando, machucando-o, às vezes seriamente. Então a pessoa idosa ferida precisa dos serviços prestados pelo Serviço Único de Saúde (SUS) até a considerarem recuperada e ela poder ir embora.

Então, como usuária da empresa de transporte público, a pessoa idosa aciona legalmente a empresa pela ocorrência. Muitas vezes, embora haja o registro do motorista da hora e do local do acidente, seu caso é considerado improcedente por falta de provas consistentes, uma vez que precisaria haver, além de testemunhas, ao menos uma foto no momento do acidente. Ora, usualmente a vítima idosa não carrega com ela equipamento fotográfico!

Às vezes, como se tudo isso não bastasse, ela ainda recebe uma advertência: "A senhora deve ficar calada porque pode ser processada por calúnia e difamação contra uma conceituada empresa".

Citei exemplos tão específicos para mostrar a existência de uma extensa grade de violências decorrentes de uma legislação coerente, mas ineficaz, que paulatinamente vai impactando a vida da pessoa que envelhece até lhe tirar as oportunidades de exercer seus principais direitos constitucionais, que, nesse caso, seria o ir e vir com segurança em uma cidade para atender seus compromissos, sejam eles de trabalho, de lazer, de saúde, de cultura etc.

Entretanto não podemos considerar a gestão municipal como único responsável por essa violência, na medida em que ela decorre também da Natureza, da Sociedade e do despreparo físico e mental da pessoa que está envelhecendo.

Segundo a definição da Organização Mundial da Saúde (OMS), "queda é o deslocamento não intencional do corpo para um nível inferior à posição inicial, provocado por circunstâncias multifatoriais, resultando ou não em dano".

A violência de uma queda está ligada à força de atração que o planeta Terra exerce a todo momento sobre as matérias em sua superfície. Para conhecer e interferir na violência das situações de quedas a que todo ser humano — especialmente a pessoa idosa — está sujeito no decorrer de sua vida, é preciso primeiro conhecer certas mudanças que ocorrem no corpo e na mente de uma pessoa no seu processo de envelhecimento.

A frequência e as consequências das quedas começam a se tornar maiores a partir dos 50 anos e aumentam com a idade pela crescente fragilização do corpo e da mente do ser humano.

Elas estão estreitamente ligadas à perda das funções dos órgãos dos sentidos, especialmente os da visão e da audição. A fragilização crescente dessas funções provoca insegurança, desatenção, falhas de observação e tontura, que completam as condições favoráveis às quedas.

De modo geral, a pessoa idosa ou a família com uma condição econômica favorável procurará resolver o problema com o uso de óculos e aparelhos auditivos. Mas algumas vezes, o próprio instrumento de "cura" pode se tornar uma violência; por exemplo, o desequilíbrio ao caminhar devido ao uso de lentes bifocais sem as devidas precauções. Seria caso semelhante ao de uma pessoa idosa sofrer uma queda ao atravessar uma rua por se assustar com o som alto da sirene de uma ambulância ou carro de polícia que passou com o sinal fechado.

O desgaste da visão frequentemente costuma surgir antes da perda da audição e não ser detectado como patologia, sendo confundido com alguma causa genética, que pode ser corrigida com recursos tecnológicos, como óculos com lentes multifocais.

Além dos órgãos dos sentidos, garantem mais independência da pessoa idosa as boas condições físicas de seu organismo como um todo, sobretudo a resistência e a flexibilidade dos músculos das pernas e da sua estrutura óssea.

Se de um lado os conhecimentos e os cuidados com a saúde física e mental constituem um bom preparo da pessoa idosa para enfrentar as violências do ambiente, a exemplo dos perigos das quedas, em contrapartida, a minimização de tais perigos depende também das condições do ambiente em que as pessoas idosas vivem. É na moradia da população idosa onde mais frequentemente estão os fatores de perigos em geral, sobretudo o de quedas.

Mas cabe ao município efetivar as propostas aprovadas em políticas públicas para as adequações e as construções de espaços públicos e moradias geridos pelo governo, e exigir tais serviços das Instituições de Longa Permanência para Idosos (ILPI), além dos abrigos públicos e privados.

Na lista das adequações e edificações, entre os itens mais importantes figuram:

- A construção de rampas em lugar de escadas e degraus.
- Eliminar pontas e ângulos retos em móveis e acabamentos sólidos.
- Colocar as peças e os móveis em uma altura adequada e confortável para a pessoa idosa utilizar.
- Tirar portas divisórias, mantendo apenas as da entrada, do banheiro e do quarto.
- Retirar tapetes de qualquer espécie.
- Eliminar pisos frios, com exceção da cozinha, do banheiro e da área de serviço.
- Construir janelas largas e, se possível, em ângulos que não deixem as pessoas idosas sujeitas a correntes de vento.

Em resumo, como não é possível impedir o processo de enfraquecimento crescente da mente e do corpo da pessoa, existem procedimentos administrativos para prevenir e reduzir os riscos e as suas consequências:

Por exemplo, a organização, a fiscalização e a avaliação das condições ambientais para prevenir ou evitar as quedas cabem:

- Aos órgãos federal, estaduais e municipais, por meio de políticas públicas.

- À sociedade, por intermédio de instituições e entidades públicas ou privadas, com ajuda ou não das autoridades federais, estaduais e municipais.

- Aos profissionais das áreas da saúde, como os enfermeiros e pessoas capacitadas com cursos profissionalizantes de nível médio – os cuidadores.

- Aos membros da família, esposos, filhos, netos ou outros, com ou sem capacitação.

Cuidar da mente e do corpo da pessoa idosa, assim como do ambiente onde ela vive e convive com a Natureza, a sociedade e consigo própria, é dar-lhe condições necessárias para ter longevidade com qualidade de vida.

5.2.6 Violência Sexual

Uma das formas de violência, especialmente contra a mulher em todas as idades, é a sexual.

Assim como todos os seres vivos do planeta, o ser humano tem como uma de suas atividades instintivas mais importantes a sexualidade, porque é ela que responde à sua maior missão genética: a propagação da espécie.

Entretanto esse processo nem sem sempre ocorre com satisfação e tranquilidade, e os resultados são vários, como medo, ódio e sofrimento, que podemos traduzir por Violência Sexual, ou seja, o ato sexual não consentido.

Normalmente, a sexualidade como objeto de estudos e pesquisas sobre a sexualidade feminina é relacionado à juventude e à fase adulta da vida humana. Particularidades relacionadas à vida sexual no envelhecimento ainda hoje são consideradas tabus em conversas sociais.

Até os anos 90, o amor/paixão característico da adolescência e fase adulta muitas vezes conduziam a atitudes violentas de posse, ciúmes, discussões e ofensas. Isso começou a diminuir com a modernidade e várias lutas que derrubaram muitos tabus ligados à beleza do corpo feminino e à sensualidade que envolve o ato sexual.

Felizmente, o papel da mulher na gestação de tantas crianças quantas Deus permitisse começou a ser estudado com renovado interesse científico. O homem foi deixando de ocupar o lugar de Deus na família enquanto a mulher, sem medo e sem submissão, foi deixando de ser apenas uma simples "dona DE casa" para começar a ser também a "dona DA SUA casa".

O trabalho fora de casa, a industrialização dos alimentos, a simplificação das vestimentas e a educação formal e pública dos filhos foram armas que a mulher usou com sabedoria para se livrar do domínio dos trabalhos domésticos, entre eles o sexo forçado, submetendo-se à vontade do marido.

Hoje há muitos recursos para a mulher idosa se defender da violência sexual do marido ou companheiro. Em primeiro lugar a Constituição Nacional, que por meio de leis e decretos específica os direitos e deveres do cidadão brasileiro. Com base nessa lei geral é organizada a legislação estadual de cada estado do país. Por fim, para se adequar às diferenças regionais locais, são elaboradas as leis municipais.

Em todos os níveis da administração do país a pessoa idosa é contemplada com proposição de direitos como quaisquer outros cidadãos. Mas elaborar boas políticas públicas nem sempre é uma garantia de que elas serão implementadas.

No complexo conjunto de fatores envolvidos nos problemas da violência sexual humana, muitas respostas ainda estão sendo buscadas na diversidade de situações da vida em que a sexualidade está presente. Por exemplo, na longevidade, nas emoções, na família e na sociedade, entre outras.

Na medida em que a sexualidade é tão necessária à propagação da espécie, ela deve estar ligada ao consentimento feminino e às condições de fertilidade do casal.

A ovulação da mulher ocorre entre duas etapas da sua vida: o início da adolescência, dos 11 a 13 anos, e o final da idade adulta, entre os 40 e 45 anos. Essa última transição, que pode durar até quatro ou cinco anos, provoca mudanças hormonais que afetam principalmente o sistema nervoso e a sexualidade feminina.

A mulher que entrou na menopausa fica extremamente sensível, não aceita críticas e se sente violentada em sua feminilidade. Nesse período ela começa a sentir-se "velha" perante seu companheiro. O sofrimento por ciúmes pode acabar destruindo seu amor-próprio, seu orgulho e sua autoidentidade.

Hoje, até os 60 anos muitas mulheres ainda participam de grupos sociais, eventos e competições com desenvoltura e liderança. São saudáveis, de bem com a vida e sabem o que significa conviver bem com um companheiro ou com o marido.

É entre os 60 e 70 anos que mulheres, muitas vezes viúvas, separadas ou divorciadas, mas com boa renda financeira e tristes histórias de violência sexual a contar, tornam-se presas fáceis para homens pobres, mas com bela aparência e conversa romântica que lhes prometem o paraíso.

O assédio sexual bem planejado pode levar uma mulher a um compromisso até matrimonial se a família não conseguir impedir a fantasia dessa fictícia felicidade. Os resultados de casos desse tipo, infelizmente mais frequentes do que se possa imaginar, são uma triste vida de violência extrema, que leva ao abandono, à internação e à morte.

Após os 80 anos, a pessoa idosa bem cuidada ainda estará apta a enfrentar e a vencer as violências que encontrar na vida e ter uma longevidade bem-sucedida.

Para isso é preciso:

- Conservar uma boa saúde física e mental com alimentação e estilo de vida adequados.
- Praticar atividades físicas bem orientadas.
- Conviver com a família e a sociedade, respeitando e fazendo respeitar seus direitos.
- Usufruir do que seu ambiente de vida lhe oferece de alegria, amor e, por que não, de satisfação, prazer e cumplicidade contidos no carinho de um bom marido ou companheiro.

Enfim, podemos dizer que a mulher que envelhece aprende com sua própria experiência – e com e experiência daquelas que a precederam na vida – que o final da ovulação não significa necessariamente a perda de sua feminilidade.

A menopausa pode ser entendida como uma mudança nas funções orgânicas e emocionais em seu ciclo de vida. Significa uma estratégica mudança que, sem roubar o maior prazer físico na vida de todo ser vivo do planeta, modifica algumas coisas nas condições físicas e psicológicas de seu organismo: fisicamente, suas reações se tornam mais centradas e planejadas; psicologicamente, a emoção do amor-paixão vai se transformando em amor-sentimento, mais profundo em suas raízes, cujo alimento são os princípios e os valores que recebeu de seus ancestrais e que definiram as normas de sua vida familiar.

A mulher idosa de hoje está aprendendo a escolher seu companheiro, a evitar o despotismo sexual masculino que gera violências física e psicológica, e aprendendo, sobretudo, a combater a violência sexual culturalmente socializada e retrógrada, que faz da mulher um ser submisso à vontade do homem.

É no processo do envelhecimento que encontramos explicação genética para uma redução crescente da frequência e do interesse por sexualidade. Se juntarmos a isso uma rotina de trabalho fora de casa e/ou morando na residência de um familiar, a vida sexual começa a perder seu poder de emoção e fantasia. O amor e a paixão, muitas vezes expressos por meio de sentimentos de posse por ciúmes e discussões, tende a ser mais analisado e racionalizado.

Em muitos casos, aos poucos o convívio diário vai lapidando e cortando arestas nas relações sexuais e o amor/sentimento vai criando laços de afeto. Se isso não acontecer, a presença de familiares pode ser um apoio para análise e determinação de divórcio ou separação.

5.3 Preconceitos contra a Pessoa Idosa

Outros casos importantes de violências sociais contra a pessoa idosa são os originados por valores culturais transformados em princípios, que vêm de hábitos e costumes de uma sociedade: os Preconceitos.

Inicialmente, é preciso procurar entender o significado desse termo para conhecer sua importância na vida humana, principalmente no convívio da sociedade e da família com as pessoas idosas.

Por sua ação ampla e destrutiva, os preconceitos constituem um dos mais complexos assuntos a analisar, para se conhecer sua natureza e ação na qualidade de vida de uma pessoa idosa em seu processo de envelhecimento.

Para começar, podemos dizer que os preconceitos estão intimamente ligados e têm origem psicológica, tanto nas ações daqueles que os têm quanto nas daqueles que são seu objeto.

A racionalização de um preconceito é impossível, mas sua explicação pode ser encontrada. Ele é sempre uma resposta a uma situação ocorrida na vida do autor ou nela introduzida pela aceitação social de uma etnia ou um grupo de pessoas por ele respeitadas.

Os preconceitos conduzem à rejeição sem análise, um ato muitas vezes sem consciência de suas consequências. Com maior ou menor violência, os preconceitos estão presentes na vida de todo ser humano.

Os procedimentos sociais preconceituosos trazem, arraigados em si, os aspectos negativos de valores que muitas vezes, teoricamente, foram eliminados, mas que no dia a dia, sobretudo da pessoa idosa, surgem na forma de violência nas relações de convívio. Podemos dizer que preconceitos são marcas (estigmas) produzidas por situações de violências no decorrer da vida.[44]

Existem vários preconceitos contra as pessoas idosas no Brasil, mas entre os mais comuns, degradantes e perigosos estão o etarismo, o racismo e o capacitismo.

5.3.1 Etarismo

O etarismo, preconceito relacionado à idade, priva as pessoas idosas de várias atividades, inclusive de trabalharem e serem socialmente ativas por serem consideradas incapazes. Mas o homem não nasce com data de validade. Apesar de todos os preconceitos a velhice não mata! É o próprio ser humano, com sua capacidade de escolher como viver, que estabelece a maior ou a menor provável duração de sua vida.

O Etarismo é um mal que acompanha a sociedade até os dias de hoje. Esse preconceito vem de estereótipos estruturados nos hábitos sociais no passado.[45] Suas bases são crenças e afirmações culturalmente repetidas, como: "As pessoas idosas não têm condições de trabalhar"; "Todas as pessoas ficam igualmente velhas e sem saúde"; "As pessoas idosas são fracas, ficam dependentes da família ou de cuidadores/funcionários para sobreviver"; "As pessoas idosas são um peso para a sociedade e um encargo insuportável para a sua família".

Essas afirmações são preconceitos sociais que precisam ser combatidos.

O aumento da população idosa no Brasil mostra não só a necessidade de se buscar mais conhecimento quanto ao processo de envelhecimento como criar e efetivar políticas públicas para a situação atual, e estabelecer bases seguras para o aumento de pessoas idosas no futuro.

5.3.2 Racismo

Quando o etarismo está relacionado ao preconceito racial ele se torna muito mais violento. É preciso analisar como esses estigmas sociais afetam a saúde da população que envelhece.

Um estudo da Faculdade de Saúde Pública da USP[46] mostrou que 45,5% das pessoas idosas pardas e 47,2% das pessoas idosas negras avaliam sua saúde de maneira negativa, enquanto o índice negativo das pessoas idosas brancas é de 33%.

Em relação ao acesso aos serviços públicos de saúde na cidade de São Paulo, os equipamentos são acessados por 63,3% por brancos, 21,4% por pardos e 7,3% por negros.[47]

Podemos dizer que o racismo consiste na discriminação com base em percepções sociais de diferenças biológicas entre pessoas e povos.

O problema do preconceito racial é sempre central em todos os estudos das relações étnicas. A preocupação com esse ponto está implícita em todas as pesquisas nesse setor.

A tendência do intelectual brasileiro — em geral branco — é negar ou subestimar esse preconceito, enquanto em outros países, a exemplo dos Estados Unidos, é aceitá-lo como ele é.

Existe o preconceito racial "de marca" e o "de origem". O primeiro é quando se manifesta em relação a gestos, traços físicos, sotaques etc., determinando uma preterição (possibilidade de aceitação). No segundo caso pode bastar uma suposição para determinar a exclusão. Por exemplo, dois jovens estão sentados em um banco numa praça, um negro e um branco. Chega uma pessoa idosa e não tem lugar para sentar-se. Muitas vezes o branco se mantém como está e o negro se levanta e dá o lugar por se achar menos merecedor do que o outro sujeito branco.

No Brasil há a expectativa de que o negro e o índio desapareçam como tipos raciais pelo sucessivo cruzamento com o branco. Espera-se que os resultados desse processo sejam a melhor solução possível para a heterogeneidade étnica do povo brasileiro. Mas ainda que essa intenção represente uma negação ostensiva de preconceito, na realidade é uma afirmação pela preferência ao branqueamento da pele e não ao seu escurecimento.

Para a igualdade social, a miscigenação é um processo natural e cultural indiscutível. A extinção do preconceito racial deve ser estimulada por meio de um trabalho executado pelo governo, pela sociedade e pela família, e por intermédio da educação formal e informal em todas as idades.

5.3.3 Capacitismo

O Capacitismo é uma forma de preconceito contra pessoas com algum tipo de deficiência. É um pré-julgamento da capacidade de uma pessoa para atividades que dependem da parte do corpo e/ou da mente afetada pela deficiência.

A cada hora um caso de violência contra uma pessoa com deficiência é registrado no Brasil; a maioria ocorre em casa e com mulheres.

O tipo de violência mais notificado contra as pessoas idosas com deficiência é a física, presente em 53% dos casos. Em segundo lugar vêm a violência psicológica, com 31%.[48] Esse tipo de violência, está presente na vida de todas as pessoas idosas com deficiência, no contexto intrafamiliar.[49]

Pessoas idosas com deficiência estão continuamente sendo expostas à violência pela dificuldade de enxergá-la como tal, assim como pela incapacidade de exercerem sua autonomia e sua independência, necessárias para se retirarem da situação de violência.

O maior bloqueio que o capacitismo cria no ser humano é a dificuldade de convívio social. Ele está ligado ao afastamento e ao isolamento da sociedade, sendo uma defesa contra olhares de pena e palavras ofensivas. A observação de pessoas com deficiência em grupos sociais revela esse tipo de afastamento.

O resultado divulgado pelo Instituto Brasileiro de Geografia e Estatística (IBGE) em 2023, no módulo Pessoas com deficiência, da Pesquisa Nacional por Amostra de Domicílios Contínua (PNAD), revelou que cerca de 18,9 milhões de pessoas, ou 8,9% do total pesquisado, tinha algum tipo de deficiência no Brasil.[50]

A pessoa idosa deficiente nunca é vista como humana. Ou ela é uma "coitada" ou um "super-herói".

Em matéria publicada no portal on-line Terra[51] em 18 de outubro de 2020, sobre o Capacitismo, foi estimado que no mercado de trabalho brasileiro existem apenas 440 mil profissionais com deficiência em trabalhos formais. No mesmo artigo, cinco pessoas com deficiência conversaram sobre o tema, como a publicitária Fatine Oliveira, pós-graduada na Universidade Federal de Minas Gerais (UFMG), que aos 8 anos tornou-se cadeirante.

Ela definiu o capacitismo como opressor, preconceituoso e que categoriza determinadas formas de deficiência. Ela observou que ele se manifesta de diferentes maneiras e de forma sútil de: um olhar de estranhamento na rua; palavras de pena ou dó; expressões de surpresa, como se o deficiente tivesse feito algo que se julgava impossível de ele fazer; conversas infantilizadas e piadas. E ela relatou, ainda, que muitas vezes o capacitismo é misturado com o machismo, e a mulher com deficiência é considerada incapaz de realizar ações femininas, como ter filhos, ter uma aparência física feminina, ter namorado etc.

A mulher idosa deficiente muitas vezes é vista como tristes restos de um ser feminino assexuado.

Para Fatine, o contato com pessoas idosas deficientes é o principal meio de superar o capacitismo. A convivência abre caminhos para a pessoa idosa deficiente sentir-se parte de um grupo, inclusiva na sociedade, mais participativa.

Segundo a jornalista Mariana Rosa, deficiente visual, para superar o capacitismo é necessário "aprender para aumentar o repertório", pois "os deficientes são pessoas, a deficiência é um dos componentes e não o todo". Não se deve ajudar a pessoa idosa deficiente fazendo as coisas por ela, mas a apoiando como e quando ela pedir.

A pessoa deficiente valoriza mais do que as outras o afeto, o amor. Ela precisa ser vista apenas como uma pessoa que tem uma deficiência e não como um estigma.

CONCLUSÃO

O objetivo deste livro é levar todas as pessoas de todas as idades — em especial às pessoas idosas — que se interessarem, a refletirem sobre os problemas socioeconômicos e culturais que estão impedindo a população idosa de alcançar a longevidade coma qualidade de vida de acordo com sua determinação genética.

Eu me propus alcançar esse objetivo considerando:

1º) Como todo ser vivo, ao nascer o homem já começa a envelhecer. Podemos ver a Vida como uma escada e cada degrau significa uma etapa que o ser humano, com sucessos e fracassos, vai sendo preparado para a etapa seguinte, em direção à velhice e à finitude. Denomino esses degraus ou etapas da vida de faixas etárias.

2º) Nessa sequência de etapas da vida, o corpo e a mente evoluem produzindo respostas aos estímulos do ambiente, da sociedade e de seu próprio organismo e mente. É uma busca contínua de equilíbrio, uma troca entre o homem e o meio em que ele vive, para suprir suas necessidades e seus interesses, o que denominamos de Convivência.

3º) Esperamos que uma análise dos elementos que constituem fatores de disfunções e funções compatíveis (ou não) com o equilíbrio da mente e do corpo do homem permitirá identificar padrões de comportamento comuns à maioria da população idosa, nos quais poderão ser introduzidas mudanças benéficas à saúde do corpo e da mente do ser humano que envelhece.

4º) Os resultados obtidos a partir de estudos e pesquisas realizados com pessoas idosas tanto no Brasil quanto em países estrangeiros definem não só um processo inadequado de convivência da pessoa idosa com a Natureza, a família, a sociedade e consigo própria, mas também fatores de convívio negativos que podem e devem ser mudados. À luz desses resultados, com os fatos que compõem a atual vida das pessoas idosas em cada comunidade, é possível analisar e elaborar propostas flexíveis e praticáveis de políticas públicas que contemplem as necessidades, identificando situações de convívio para a manutenção de uma vida mais longa e com melhor qualidade da população idosa atual.

5º) Ao lado desses objetivos, outra ação do governo deve ser iniciada para obter resultados através de gerações, ou seja, uma proposta de preparação e capacitação dos pais para a educação dos filhos. A princípio, a educação da criança deve estar voltada, em especial, para a alimentação, seguida de como se proteger dos perigos do ambiente, movimentos, entre outros. Uma boa ideia é elaborar uma cartilha de lembretes para deixar sempre à mão para acompanhar, sobretudo, a formação de hábitos gustatórios da criança.

Quanto aos cuidados com a pessoa idosa, podemos dizer que ela própria é a chave para colaborar com a discussão e o estabelecimento de programas de defesa social contra as violências a que fica sujeita nessa fase da vida.

Mas, nesse caso, enquanto algumas — e espero que sejam cada vez mais — pessoas idosas se interessem em elaborar normas de comportamento que tornem inócuas as tentativas de agredi-las, outras darão vida às intenções por meio de grupos de trabalhos, de material de divulgação, de ideias e projetos com base na experiência de vida de cada uma.

NOTAS E REFERÊNCIAS

1   Lilly. *História da cadeia alimentar*. 1. ed. Localidade: DCL, 2008.

2   Scimago Institutions Rankins. *O conceito de natureza na filosofia de Ludwig Feuerbach*. jul./set. 2021.

3   Schmemann, A. D. [1963]. *For the life of the world:* sacraments ortodoxy. Crestwood, New York: St Vladimir's Seminary Press, 2004.

4   Kalache, A. Uma política para o bem-envelhecer. *Revista Pesquisa Fapesp*, n. 145, mar. 2008.

5   Quintana, A. C. *A morte é um dia que vale a pena viver*. 1. ed. Rio de Janeiro: Sextante, 2019.

6   Capra, F. *A teia da vida*. Localidade: Cultrix, 2012; nova ed. 2021.

7   Chopra, D. *Quantum body:* the new ciências of living a longer, healthier, more vital life. [S. l.]: Harmonia, 2023.

8   Magendie, F. *Journal of phisiologie experimental et pathologique*, ed. francesa, v. 08, 1945.

9   Dwyer, J. T. *Future directions in food compositions*. National Library of Medicine, 1994. Disponível em: https://pubmed.ncbi.nlm.nih.gov/8089750/. Acesso em: 12 out. 2022.

10   ANVISA. *Resolução da Diretoria Colegiada – RDC n.º 24/2010*. 2010. Disponível em: https://docs.bvsalud.org/leisref/2017/12/11/dieta-resolucao_rdc24_29_06_2010.pdf. Acesso em: 1 dez. 2023.

11 Barros, B. I. V. D. *Comparação da notificação de gordura trans nos rótulos de alimentos industrializados comercializados no Brasil nos anos de 2010 e 2013*. Tese (Doutorado). Universidade Federal de Santa Catarina. Disponível em: https://repositorio.ufsc.br/handle/12345-6789/219248. Acesso em: 2 maio 2020.

12 ANVISA. Gerência geral de alimentos. *Marco Regulatório*, Brasília, 11 jan. 2021.

13 Pimentel, C. de B. V.; Elias, M. F.; Philippi, S. T. (org.). *Alimentos funcionais e compostos bioativos*. 1. ed. [S. l.]: Manole, 2019.

14 Moraes, F. P. Alimentos Funcionais e Nutracêuticos: definições, Legislação e Benefícios à Saúde. *Revista Eletrônica de Farmácia*, Goiânia, v. 3, n. 2, 2007. DOI: 10.5216/ref.v3i2.2082. Disponível em: https://revistas.ufg.br/REF/article/view/2082. Acesso em: 6 dez. 2023.

15 Longo, W. D. (PHD). *A dieta da longevidade*. 1. ed. [S. l.]: Cultrix, 2023.

16 Brasil. Ministério da Saúde. *Guia alimentar para a população brasileira*. 2014. Disponível em: https://www.gov.br/saude/pt-br/assuntos/saude-brasil/publicacoes-para-promocao-a-saude/guia_alimentar_populacao_brasileira_2ed.pdf. Acesso em: 10 fev. 2021.

17 Buettner, D. *The blue zones*. [S. l.]: National Geographic, 2010.

18 Candace, P. (PHD). *Conexão mente, corpo, espírito*. 1. ed. [S. l.]: Barani, 2009.

19 Sanfelice, H. *Treino Gaia*. [S. l.]: Phorte, 2016.

20 American College of Sports Medicine (ACSM). 8 de abr. de 2021. Disponível em: https://www.exerciseismedicine.org/the-easy--tool-pa-screening-for-older-adults/. Acesso em: 10 ago. 2022.

21 Capra, F. *O Tao da Física*. [S. l.]: Cultrix, 2011.

22	Shustermann, R. *Consciência corporal*. [S. l.]: É Realizações, 2012.
23	Mauss, M. *As técnicas do corpo*. [S. l.]: EPU, 1974.
24	Kalache, A. Uma política para o bem-envelhecer. *Revista Pesquisa Fapesp*, ed.145, mar. 2008.
25	Culclassure, D. F. *Órgãos dos sentidos*. [S. l.]: Edgard Blucher, 1973.
26	Koppmann, M. Os sentidos, o cérebro e o sabor da comida. *As Ciências Hoje*, ago. 2015.
27	Eat Well, Live Well, Sede Global (Tóquio, Japão), "Aji-No-Moto" - Umami Seasóning since 1909.
28	Duarte, F. M. e Grupo de Pesquisa. Capacidade olfatória, gustativa e nutricional de indivíduos com a doença de Parkinson. *O Mundo da Saúde*, UFG, v. 37, n. 3, jul./set. 2013.
29	Boehm, C. *Ambiente e experiências de vida influem no desenvolvimento do olfato*. 01 de maio de 2017. Disponível em: https://agenciabrasil.ebc.com.br/geral/noticia/2017-05/ambiente-e-experiencias-de-vida-influenciam-no-desenvolvimento-do-olfato. Acesso em: 1 set. 2021.
30	Murta, G. *Entrevista à Radio Mais*. 02 de jul. de 2018. Disponível em: https://otorrinoscuritiba.com.br/saude/entrevista-otorrino-fala-sobre-perda-de-olfato.html. Acesso em: 15 jun. 2020.
31	Costamagna, A. *Sistema do tato*. 1. ed. [S. l.]: Moinhos, 2020.
32	Sperry, R. W. *Os dois lados do cérebro:* lógica x criatividade. 16 de jun. de 2017. Disponível em: https://blog.netscandigital.com/artigos/os-dois-lados-docerebro/#Fun%C3%A7%C3%B5es%20Dos%20Dois%20Lados%20Do%20C%C3%A9rebro%20Segundo%20Sperry. Acesso em: 15 dez. 2021.
33	Pert, C. *Conexão mente, corpo, espírito*. São Paulo: Baralho, 2009.
34	Tolle, E. *O poder do agora*. 1. ed. Rio de Janeiro: Sextante, 1997.

35	Izquierdo, I. *Memória*. 3. ed. [S. l.]: Artmed, 2018.
36	Wilhelmer, R. *Lectures on the I Ching* – Constancy and Chang. [S. l.]: Princeton University, 2014. (Bolling series XIX: 2)
37	Eysenck, M. W. *Manual de psicologia cognitiva*. 5. ed. Porto Alegre: Artmed, 2007.
38	Betisa. *Modelo da Mente:* Como a mente humana funciona. São Paulo, 2020. Disponível em: https://omnihypnosis.com.br/blog-modelo-da-mente/. Acesso em: 10 ago. 2021.
39	Fonseca, R. *A inteligência emocional na prática*. São Paulo: Reflexão, 2015.
40	Damasio, A. R. *A estranha ordem das coisas*. 1. ed. São Paulo: Companhia das Letras, 2018.
41	Ledoux, J. E. *O cérebro emocional*. São Paulo: Objetiva, 1998.
42	Gardner, H. *Inteligências múltiplas*. Porto Alegre: Artmed, 1995.
43	Couto, M. *Cada homem é uma raça*. 1. ed. São Paulo: Companhia das Letras, 2016.
44	Lima, M. E. O.; Pereira, M. E. (org.). *Estereótipos, preconceitos, discriminação, perspectivas teóricas e metodológicas*. Salvador: Editora da Universidade Federal da Bahia, 2004. Disponível em: https://repositorio.ufba.br/handle/ri/32112. Acesso em: 15 jan. 2022.
45	Winandy, F. *Entrevista para o blog Maturi*. Disponível em: https://www.maturi.com.br/blog/etarismo-livro. Acesso em: 20 jan. 2022.
46	Moura, R. F. *Saúde de idosos negros no município de São Paulo é pior que a de idosos brancos, aponta estudo*. Faculdade de Saúde Pública da USP, ago. de 2021. Disponível em: https://jornal.usp.br/ciencias/saude-de-idosos-negros-no-municipio-de-sao-paulo-e-pior-que-a-de-idosos-brancos-aponta-estudo/. Acesso em: 20 ago. 2021.

47 Musial, D. C.; Oliveira, B. de. Velhices visíveis e o saber local. *Revista Kairós-Gerontologia*, 24, p. 1-6, 2022. DOI: https://doi.org/10.23925/2176-901X.2021v24iEspecial31p1-6. Acesso em: 1 dez. 2022.

48 Oliveira, F. Entrevista. *É capacitismo quando*. UFMG, 6 dez. 2016.

49 Ribas, J. *Preconceito contra pessoas com deficiência*. São Paulo: Cortex, 2011.

50 Estatísticas do Ministério dos Direitos humanos e da Cidadania. Disponível em: https://www.gov.br/mdh/pt-br/navegue-por-temas/pessoa-com-deficiencia/estatisticas. Acesso em: 30 jul. 2023.

51 Matéria publicada no portal terra.com.br. Disponível em: https://www.terra.com. br/vida-e-estilo/comportamento/capacitismo-pessoas-com-deficiencia-ex. Acesso em: 21 out. 2023.